弘法大師空海 生きる力を与える言葉

高野山真言宗 伝燈大阿闍梨 池口恵観

ロング新書

第一異生羝羊心

闇にさまよう心……

第二愚童持斎心

ふとしたきっかけで、思いやりが芽生える

第三嬰童無畏心

一時の安心の世界を知る

第四唯蘊無我心

無我を知る

第五抜業因種心

原因があって生じることを覚る

第六他縁大乗心

利他の慈悲に至る

第七覚心不生心

とらわれる心から解き放たれる

第八 一道無為心

すべてが同じ清らかな生命

第九極無自性住心

対立を超える

第十秘密荘厳心

蔵の中の宝がたちまち現われる

プロローグ

●田んぼの上空いっぱいに微笑んだ巨大な仏さま

目を閉じれば、私の胸に幼い日の情景が活き活きと蘇ります。

それは、小学校五年生の春休みの、ある朝でした。私の家は自宅を寺としていました。両親はここで厳しい行に明け暮れていたのです。

鹿児島県の大隅半島にある東串良という町、田んぼに囲まれたのどかなところでした。

戦争が終わって間もない頃でした。大人たちは多かれ少なかれ、戦争が遺した傷を胸に抱えて生きていましたが、子供にとっては、緊張や不安な空気が消えて、ゆったりとした気持ちで暮らせる、まさに「平和な時」でした。

私は、父の護摩行を手伝っていました。父は、一日に三座の護摩行を行っていました。私はその都度、護摩壇を拭いたり、護摩木を積んだり、お供え物を整える手伝いをしていました。

お供え物とは、洗った米と五穀、丸香、散香、薬種、本尊塗香、行者塗香、罌粟、白胡麻、酥油などで、きちんと整えるには小一時間かかります。

はじめは兄たちがやっていたのですが、やがてすべて私の役目となっていました。学校が休みになると、護摩壇の前に坐る時間は長くなっていたのです。

その春休みの朝も午前三時から七時までという早い時間から、厳しい護摩行を父の傍らでさせられていました。

終わって、足がふらつくので、そろりそろりと用心しながら本堂の外へ出ました。

いい天気でした。子供ですから、「今日は何をして遊ぼうか」と、気持ちはすっかり切り替わって、思わず空を見上げました。すると思いもよらない光景がありました。

田んぼの上空いっぱいに、微笑んだ巨大な仏さまのお顔が広がっているのです。

びっくりして、「夢かな」と思い、もう一度見上げますと、仏さまはやはりそこにおられます。

「あぁ、仏さまは僕を見守ってくださっているのだ」と思うと、ありがたくて自然に涙が出てきました。のちに、その仏さまこそ大日如来だと知りました。大きな笑顔が私という存在をふわりと包み込んでくださった、そんな感じでしたが、大きな安心感が全身に広がったのでした。

「しっかり修行を続けるんだよ」と、おっしゃっていることが感じ取れました。

我に返った私は、庫裏に駆け込んで、母に申しました。

「お母さん、すごい仏さまがおった」

母はにっこり笑って「そう、よかったね」と言いました。全身を駆け巡る喜びの涙を、私は体験したのです。以後、私は仏さまがいつも見守ってくださると、心から思って、行を続けることができるようになったのです。

●絵の中で出会った仏さま

その思い出を彷彿とさせたのが、山根基世さんのエッセイでした。NHKアナウンス室長だった山根さんが、『文藝春秋』(平成十八年十一月号)の巻頭随筆に書いていたのは、日本画家、高山辰雄さんの絵のことでした。

文化勲章を受章している大画伯ですが、大腿骨骨折で入院し、退院されたところへ、山根さんたち三人ばかりでお見舞に行きました。車椅子で案内していただき、お家の廊下に掛けてある最新作を見せてもらったのだそうです。退院してから描いたその絵は、八十号ほどで、色彩はほとんどない墨の濃淡だけで描かれた絵でした。

中央に大きな人影があって、「これを絵と呼んでいいかどうか」と山根さんは表現しています。しかし、この絵の前に立った山根さんは、「言葉を失い、ただ絵が発してくる得体の知れないものにうたれ続けていた」と、書いているのです。画伯によれば、これは自画像だということです。

画伯のお宅を辞去して、三人はこの絵のことを興奮して語り続けました。帰りのタクシーで、山根さんはまたこの絵を思い出していると、突然に温かい涙がとめどもなく溢れてきたのです。

「涙ってこんなに心地よいものだったのか、まるで温泉に浸かっているみたいだ……。『浄福』という言葉は、こんな時に使うのだろうか」

この文を読んでいるうちに、私は幼い時の涙の清清しい優しさを思い出したのです。

山根さんはおそらく、高山画伯の絵を見て仏さまに出会ったのだと、私は感じました。

高山画伯は、以前にこんなことを山根さんに語ったことがあるそうです。

「僕は個性的でありたいと思ったことはないなぁ、僕の個性なんかよりもっと普遍的な生命そのものが描きたいんだ」と。そして、「この茶碗だってここに在るって凄いことですよねぇ、ぼくはね、ずっとずっと存在ということについて考えているの」とも言われたそうです。

●「在るがまま」こそ、この世でこの身のままで仏に成ること

私の、幼い日の「浄福」は、四時間も一心に仏さまを観じながら祈った結果であろうと思います。

まだ、仏さまについて何も知らずにいながら、存在だけはしっかりと感じ取っていた。その潜在意識に仏さまが応えてくださったのだと、今では信じています。

一方、当時九十四歳の高山画伯は、一筋の道を貫いてきて、生命そのものを描くという境地に達しておられました。その生命力が絵に込められて、山根さんに仏さまの心を伝えたのだと思います。

「在るがまま」こそ、この世でこの身このままに仏さまに成ることです。計らわずとも、自ずと存在感が出てくることです。

私は、平成十八年十二月十九日に「三つの祝賀会」というものをしていただきました。真言宗大僧正昇補、古稀、添護摩《ごま》木《ぎ》壱千萬枚焼供の三つを祝っていただいたのです。

この時、高野山真言宗宗務総長の庄野光昭師が挨拶を寄せてくれました。

「この三つのお祝いは、生命の流れが結実によって成就したものです。それだけ恵観師の精進が仏さまの御心にかなっている」ことだ、と。

自然の流れの結果がお祝いになったと、改めて仏さまに感謝を祈りました。在るがままで生きることができた喜びです。

お大師さまの『十住心論《じゅうじゅうしんろん》』も、この本でこれからお話していく『秘蔵宝鑰《ひぞうほうやく》』も、仏さまに出会うための旅のガイドです。

私が幼い時に流した涙は、いわば『秘蔵宝鑰』の中の第三の「嬰童無畏心《ようどうむいしん》」ともいうべきものだったと、私は回想しています。まさに、母の懐で知った安心でした。それから、私は幾多の山を越え、川を渡って、古稀を迎えました。しかし、大空に広がった仏さまの笑顔は、いまも私を励まし、癒してくれます。

やがて私は、百萬枚護摩行を成満するに到って、お不動さまと一体になった体験を持ちました。それ以降、私は行のさなかに、私が光になり、自分が光か、光が自分かわからなくなり、宇宙全体の光の中に自分がいるといった感じになるようになりました。

それが、即身成仏なのかと受け止めています。その仏に成った時、苦しんでいる人を癒す加持の力が働くのです。

高山画伯も、おそらくは生命を描こうと思うに到るまでには、幾山河を越える精進を重ねられたことでしょう。

その心の軌跡が、人を仏と成すもの、『秘蔵宝鑰』にお大師さまが説かれる十段階の、覚りに至るまでの心のありようなのです。

まずは、この十段階を説明した方が理解していただきやすいと思います。

第一異生羝羊心《いしょうていようしん》

闇にさまよう心ですが、迷っている本人はそれに気づかないでいます。性欲と食欲だけに心を向けています。

お大師さまはその状態を、まるで雄羊のような心を持った者だとされます。それは、生きる本能のままに動いている状態で、現代社会にもたくさんの「雄羊」がウロウロと生きています。

自分が何者なのか、なぜ、生きているのかも考えずに、もっと美味しい食べ物が欲しいとか、異性に出会いたいとしか考えず、他人の苦しみも知らず、心はいつも飢餓状態にあります。

生存本能がすべて悪いわけではありません。この本能の力をどのように、よりよく生きる力としてコントロールしていくか。それが、この世に生まれてきたことの意味でありましょう。

闇に迷っている者に、光はこちらだよ、とお大師さまは導いて下さいます。

第二愚童持斎心《ぐどうじさいしん》

ふとしたきっかけで、他人に対する思いやりが芽生えます。

大地震のニュースを見て思いついて募金をしたり、横断歩道でつまずいたお年寄りに思わず手を差し伸べて手助けしたり。

それは、穀物が蒔かれて発芽するような状態の心だと、お大師さまは教えられます。

そんな心の芽を、摘んではなりません。電車の中で、若者に席を譲られたら、「ありがとう」と言って素直に受け入れましょう。自分の行為が他人の喜びとなることが、どんなに心を満たすものか、若者が知る良い機会になります。

第三嬰童無畏心《ようどうむいしん》

「彼の嬰児と犢子《とくし》との母に従うが如し」と、お大師さまはこの巻を語っておられます。天上の世界に生まれて、ふっと安心の世界を知ります。しかし、これはまだ偶然の出会いのようなもので、ちょうど嬰児《みどりご》や子牛が母親に従っているような状態だと、教えます。

私が少年の時に、仏さまの笑顔に出会った安心の世界は、この心であったかと、いまも仏さまに感謝の気持ちでいっぱいになります。

それは仏さまが、たまたま「よくがんばったね」と下さったご褒美でした。まだまだ学ばねばならないことがたくさんある、その峻しい道のりを前に、仏さまは行き着くところの素晴らしい世界を垣間見せて下さったのです。

精進すれば、あのように満ちた心で生きることができると、仏さまが元気を下さるのがこの心の状態です。

第四唯蘊無我心《ゆいうんむがしん》

ここから、いよいよ仏さまの道に入ることになります。いつも、仏さまとともにあって仏さまの心に沿って生きるのです。

教えを聞いて覚る者の状態だと、お大師さまは説いておられます。

『秘蔵宝鑰』のこの巻では、お大師さまの分身と推される「玄関法師《げんかん》」と、儒教をもとに自論を説く「憂国公子」との問答が展開されます。ここでは国家と仏法の関係も取り上げています。

仏教の入門者の心のありようを教えているのです。

第五抜業因種心《ばつごういんじゅしん》

あらゆることは全て因縁、つまりは原因があってそこから生まれてくる現象だということを、修行によって覚るのが、この心のありようです。

心は平穏で、迷いはありません。しかし、お大師さまはこの心の状態のままでいれば、永遠に真実の覚りは得られないと、教えるのです。なぜなら、この「覚り」は自分だけの世界に安住してしまうものだからです。

生命の本質は、ネットワークです。私たちは誰一人として、たった独りで生きていくことはできません。

生きとし生けるものすべてが互いに結び合い、助け合って生きているのが、生命の本当の姿です。「生態系」という言葉が、現代の人には理解しやすいと思いますが、この生命の本質こそ、現代社会に思い出してほしいところです。

心地良いからといって、独りで部屋にこもって、好きなことばかりに没頭していては、引きこもりになってしまいます。また、自分だけの考えに浸っていると、独善的になってしまいます。

「自分は覚ったのだ」という傲慢な気持ちの温床にもなります。そして、弱い者、助けを必要としている人が目の前で苦しんでいても、手を差し出すこともしない人間になってしまうのです。

自分たちだけで快適な生活をしていることに満足してしまうことが、どれほど罪なことであるか、お大師さまは厳しく戒められます。

第六他縁大乗心《たえんだいじょうしん》

「大悲初めて発《おこ》る」と、お大師さまはここで慈悲が生じる心を説いておられます。

生命とは、じつは形のあるものではない、この世のものはすべてが幻であって、心のはたらきだけが実在のものなのだ、と教えます。見えないものを忘れて、目の前にあるものばかりに気を取られてはいけない、という戒めでもあります。

本当のことは見えない、ということを知って、私たちの心はさらに仏さまに近づいていくのです。

第七覚心不生心《かくしんふしょうしん》

「八不《はっぷ》に戯《け》を断ち　一念に空を観れば、心原空寂にして、無相安楽なり」

物や人にとらわれる心から解き放つこと。それが、この巻の教えです。ここまでくれば自ずと見えてくる真実があります。

なぜ、ご先祖を大切にするのでしょうか。

生命はずっと過去からつながっています。その根となってくれている見えない霊を慰めることによって、生きるパワーをいただくのです。

第八一道無為心《いちどうむいしん》

「一道無為心」と、お大師さまは教えておられます。絶対真理は唯一であり平等である、というのです。この世にいらないものや穢れたものなどありません。みな、大日如来から分けていただいた、同じ清らかな生命です。

第九極無自性住心《ごくむじしょうじゅうしん》

水にたとえて、生命を語る教えです。水は器に盛れば飲み物であり、料理ともなりますが、自然の渓谷を流れて大河にもなります。海にあっては生命を育て、あらゆるものを飲み込む破壊力も持っています。

どのような形であれ、水は水、その本性は変わりません。生命はまさに水のような性質も持っているのです。私は、生命は光だと思っています。

この世に遍満している生命を、人間の形をしたこの生身にすくい取れば、一人の人生が始まります。この世の生に終わりを告げれば、器としての肉体は滅びますが、生命という光は大海のなかに戻っていきます。

まさに、水と同じように「自性」つまり「定まった性」はないのです。そのことを教えているのが、この巻です。

第十秘密荘厳心《ひみつしょうごんしん》

「顕薬塵を払い、真言、庫を開く」という密教の真髄が、この教えにあります。

これまでの九段階は、このたった一つの究極の教えにたどり着くために開かれた道であり、ここにきて宇宙の秘密、生命の本当の姿が分かるのだと、お大師さまは教えました。

それは、この世にあって仏さまの世界を知ることができる心となれる教えです。

●全ては心から生まれ、心に帰す

こうして、十の心を経て、ようやく宇宙を知り、仏さまに成るのです。

この教えは、お大師さまの思想体系の根幹を現すものですが、やさしく考えれば、私たちの心の成長の段階でもあります。

行を重ねて得た光の体験やお不動さまとの一体感は、仏さまが私の中にしっかりとおられるという実感です。

高山画伯もおそらくは「在るがまま」を自然の「心の流れ」の中で感じておられるのです。

私は、悲惨な事件が続発する現代の日本に「心の再生」を呼びかけようとしています。

心とは何かを、あらゆる人たちが考え、我が心を見つけてほしいのです。

「覚りの完成は心より生じる」と、お大師さまは『秘蔵宝鑰』巻十で教えられます。全ては心から生まれ、心に帰す。それが仏さまの教えの真理なのです。

●心の流れを変えよう、自分の心と闘おう

この『秘蔵宝鑰』を以前に説きましたのは二十余年前のことでした。阪神大震災、オウム真理教事件、バブルが崩壊した日本に、これでもか、これでもかと、厄災が襲いかかった頃でした。

まだ、日本という国の病が癒えたわけではありません。最後の苦しい胸突き八丁にかかっているのかもしれません。夜明け前の漆黒の闇が、人々の心を深い淵に沈めているのかもしれません。それが、昨今の痛ましい事件となって表れているのかと、私は考える時があります。

自殺する人が年間二万人もいるそうです。最近では「いじめ」を苦に自殺する少年少女が相次いでいます。自殺しようとまで追い詰められた子らに、「空を見上げてごらん」と

私は語りかけたいのです。

自殺したいと思う「心」を、もう少し頑張ってみようかなという「心」に変えたいのです。子供だけではありません。大人にも言いたいのです、「心の流れを変えましょう」と。もっと闘ってほしい。誰と闘うのでしょうか。それは、自分の弱い心と闘うのです。親も子も、自分の心と闘うことを忘れてはいないかと、私は今、声を大きくして問いかけたいのです。

心の再生をはかるには、心の流れを自らつかむことなのです。

「薬を投ずることこれに在り」

『秘蔵宝鑰』の序文で、お大師さまは迷える衆生を救うために、仏さまはどれほど救いの手を差し伸べているのか、迷いを払うために仏さまは薬を投じているよ、とまで教えます。それでも、愚かな者はこれを飲まないのです。服用しなければ、どんなに効く薬でも役に立ちません。

実践せよ、と繰り返し説くのです。

●自分の宝を見つけよ

「九種の心薬は外塵《げじん》を払って迷いを遮し、金剛の一宮は内庫を排《ひら》いて宝を授く」

全ては、十番目の「心」のために、ほかの教えがあります。密教という究極の教えに到れば、どれほどの迷いがあったとしても、我が内なる心に宝を見つけることができるのだと、お大師さまは教えて下さいます。

自分の宝を見つけよ、その宝を得て楽しむのかどうかは、我が心がなすところ。父母がこれを成すのではなく、我が心が自らさとるだけのものである。

お大師さまは『秘蔵宝鑰』を説くにあたってそう述べられました。我が宝とはなんでしょう。誰もが仏性を持っていることです。そのことに、まずは気づいてほしいのです。

心理学のトレーニングで使う「実験」があるそうです。

一人の旅人が、動物たちを連れて砂漠をさまよっていました。しかし、もう動物たちを連れて行くわけにはいきません。猿、羊、牛、馬のどれかから捨てねばならない。さて、あなたはどの動物から捨てていきますか。

これが、質問です。「捨てる」とは無慈悲なことですが、意図的に苛酷な状態を設定しているのです。

じつは、動物は自分自身が大切にするものの象徴を表しているのです。心理学的に検証できるもののようですが、理由はよくわかりません。

猿は財産、羊は家族、牛はパートナーつまり夫や妻や恋人、馬は友人を表しているといいます。

この順序によって、自分が何をもっとも大切にしているのかがわかる、という心理テストだと聞きました。「心の宝探し」です。

私は、このテストの話をしてくれた信者さんに申しました。

「お大師さまの教えを信じて、我が心を磨けば、みんないっしょに砂漠を抜け出すことができますよ」と。

それが、十番目の「秘密荘厳心」の教えです。

『秘蔵宝鑰《ひぞうほうやく》』序

前へ。それが生命の蔵を開けるキーワード

★帝に献上された究極の教え

「悠悠《ゆうゆう》たり悠悠《ゆうゆう》たり
太《はなは》だ悠悠《ゆうゆう》たり」

『秘蔵宝鑰《ひぞうほうやく》』を、お大師さまはこのように書き出しておられます。

悠悠自適という言葉があります。こちらはゆっくりと落ち着いているさまを意味しますが、『秘蔵宝鑰』にある「悠悠」は、はるかに限りない、という意味です。

どこまでも果てしない、まるでお大師さまの名、「空海」のように、天と地とがどこまでも広がっている宇宙に立っているような気持ちになります。

私たちが、仏さまそのものであるならば、宇宙は私たち一人ひとりの中にも広がってい

ます。

お大師さまは、私たちをとりまく仏さまの心を伝えようと、こんな広大無辺のイメージから、究極の教えを説き始められたのです。

弘法大師空海によって現された『秘蔵宝鑰』は、西暦八三〇年、今からおよそ千二百年近く前に『秘密曼荼羅十住心論』とともに帝に献上された教えです。こちらは三巻で、略して『十住心論』とも呼ばれますが、この二つはまったく同じものではありません。しかし、同じように心の住まうところの状態を、十段階に分けて教えています。

この本ではこの『秘蔵宝鑰』の中から、お大師さまの教えを自在に取り出しながら、今の時代の中で私たちの、生きる力にしていきたいと考えています。

悠悠《ゆうゆう》たり悠悠《ゆうゆう》たり太《はなは》だ悠悠《ゆうゆう》たり
内外《ないげ》の縑緗《けんしょう》　千万《せんまん》の軸《じく》あり
杳杳《ようよう》たり杳杳《ようよう》たり　甚《はなは》だ杳杳《ようよう》たり
道《みち》をいい道《みち》をいうに百種《ひゃくしゅ》の道《みち》あり
書《しょ》死《た》え諷《ふう》死《た》えなましかば本《もと》　何《いかん》がなさん

知《し》らじ知《し》らじ吾《われ》も知《し》らじ…（欠文）…
思《おも》い思《おも》い思《おも》ふとも聖《しょう》も心《し》ることなけん
牛頭《ぎゅうとう》草《くさ》を甞《な》めて病者《びょうじゃ》を悲《かな》しみ
断《だん》菑《し》車《くるま》を機《あやつ》って迷方《めいほう》を愍《あわれ》む
三界《さんがい》の狂人《きょうしん》は狂《きょう》せることを知《し》らず
四生《ししょう》の盲者《もうじゃ》は盲《もう》なることを識《さと》らず
生《うま》れ生《うま》れ生《うま》れ生《うま》れて生《しょう》の始《はじ》めに暗《くら》く
死《し》に死《し》に死《し》に死《し》んで死《し》の終《おわ》りに冥《くら》し

★明日という宝の小箱を開く鍵

私たちは、今大きな時代の曲がり角に立っているのだと実感しています。

崖を転がり落ちている最中に、上を見ながら全身に力を込めて気力をつければ、かえって落ちる勢いがついてしまいます。身体から力を抜いて、落下する力に沿っているほうが、ケガも少ないのです。

しかし、谷底まで行ってしまえば、あとはもう一度登るだけ、こんどは上を向いて力を出さねばなりません。

まだしばらくは、災害も起きましょう。犯罪もすぐには無くなることはないと思います。しかし、日本経済のバブルがはじけて三十年になります。私たち日本人の気力は、すでに前に向かって進もうという強いものに変化しはじめています。

平成十七年を象徴する漢字には「愛」が選ばれていました。この文字には、上に向かって、崖を登ろう、もう一度、元気を取り戻して生きようではないかという気持ちが込められています。

湧き上がってくる、その力の源となるのは何でしょうか。

それは、生きる意志です。その意志を突き動かすもの、それが「愛」なのだと、私は思っています。

愛の源泉は、前を向いて歩くこと。希望や夢を目標に定めて、進むところにあります。「後ろ向きの愛」など、じつはないのです。

なぜかといえば、この世に生きるということは、前を向いていくしか道がないからです。どんな絶望的な状態でも、生きている限り、明日という日がやってきます。

その明日には、さまざまな可能性が秘められているのです。可能性がいっぱい詰まった明日という宝の小箱を開く鍵を、お大師さまは私たちに教えてくださいました。秘められた蔵を開く宝の鍵、それが『秘蔵宝鑰』の意味です。

この宇宙には、私たちを前へ前へと歩かせてくれる力の源泉が満ちています。智慧と慈悲とから成る、この生命の泉は、目には見えないものですから、普通はなかなか気づくことはありません。

しかし、ひとたび、この鍵を手に入れれば、仏さまのお蔵を開けて、宇宙に満ちている宝ものを手に入れることができるのです。

しばらくはこの『秘蔵宝鑰』をめぐって、お話をしましょう。

★行じて、感じて、これに応じたときに知る

小学校五年生の時、護摩行が終わって本堂の外へ出て見上げた空いっぱいに、大きな大きな仏さまのお顔が広がっていたというお話はいたしました。

あの日のことは生涯忘れられません。一心不乱に行をしていれば、仏さまに会える。私はあの日、天空に仏さまがおられること、親のように温かく見守っていてくださることを

実感しました。

この体験があったからこそ、私は今日まで仏さまの存在を信じて微動だにしない信念を守ってこられたのです。

このような現象について、科学的に検証することもできる世の中になったのでしょうが、しかしそれでも科学が本当に仏さまのところまで到達するのは、まだ時間がかかると思っています。

かつて、文化人類学者の今西錦司《いまにしきんじ》京都大学名誉教授が言っておられたそうです。

「科学者が苦労してようやく山頂に到達すると、そこに神が坐っている」と。

また聞きのことですし、今西先生もすでに亡くなっておられますので、正確な表現ではないかもしれませんが、学者として、たいへん謙虚な言葉だと、敬意を覚えた記憶があります。

仏さまの教えを受け取るには、論じていたのでは永遠に手が届かない、と、お大師さまは言っておられます。

行じて、感じて、これに応じて、初めて仏さまが我が心にいてくださることを知るのです。私たちは、無限の世界に生きている。そのことを教えたくて、お大師さまの筆は力強く綴られます。

★迷って生きる者たちは、迷っていることさえわからない

「三界の狂人は狂せることを知らず」

自分がなぜ、埒外《らちがい》に在るのかを、その本人たちはわかっていない。迷って生きる者たちは、迷っていることさえわからない。

お大師さまはそう指摘されます。なぜかといえば、目に見えるもの、知っていることだけを信用してしまうから、かえってこれらに振り回されて迷うのだ、とうたうのです。『秘蔵宝鑰』の序文は、現代人も大いに耳が痛いところでしょう。

「耳に逆ろうて心にいれず。
人を謗《ぼう》じて
焼種の辜《つみ》を顧みず。

酒に耽り色に耽って
誰か後身の報を覚らん」

心に心地よいことばかりを追い求めて暮らしている自分が、本物の自分であるように思い誤ってしまうから、だんだんに本当のことが見えなくなる。

大切なことを聞いても心に留めることもなく、人の悪口ばかりを言い立て、せっかく本当に目覚めて生きる可能性を焼き滅ぼしてしまうことを考えない。

いたずらに酒や色欲に夢中になって、あとでどんな報いを受けるのかも考えない。

情報があふれている現代社会ですが、本当に必要な情報を、私たちは選んでいるでしょうか。自分にとって困る情報、見たくない情報は捨て置いて、都合のよい情報だけを選んで暮らしているのではないでしょうか。

気がつけば、他人のウワサ話に明け暮れていませんか。バッド・ニュースを見聞きしては、「他人の不幸は蜜の味」とばかりに、おもしろおかしく揶揄してはいませんか。

世界中のお酒やグルメを、これほど楽しんでいるのは、おそらく日本人だけだろうとも言われます。色欲にいたっては「援助交際」などと名前からは何のことかわからないような、少女たちの売春が問題になっていた世相です。

お大師さまがきびしく指摘しておられる迷いの心は、今も日本のそこここに見られます。

★自らの宝を発見できない人たち

私たちが社会の中で、果たす役割とはなんでしょうか。

自分だけ儲けて、楽な暮らしをすればいいのではありません。互いに生かしあって生きるために、私たちは学び、それぞれの技を磨き、心を育んでいるのです。

『秘蔵宝鑰』の序文で、お大師さまが高らかにうたうのは、仏さまが迷う者たちを救う道筋です。

それは、形ばかりのストイックさを求めているものではありません。自分の心を自分で見つめて、本当に満足して生きることを教えてくれる道なのです。

序文をなぞれば、人が仏として安心を得る心のありようの概略が読み取れます。

お大師さまは、この序文で繰り返して、教えられます。

——「**呼呼《ああ》、自宝を知らず、**

狂迷を覚といへり。
愚にあらずして何ぞ。
考慈、心に切なり、
教えにあらずんば何ぞ済《すく》はん。
薬を投ずることこれに在り。
服せずんば何ぞ療せん。
徒《いたずら》に論じ徒に誦すれば、
医王、呵叱《かしつ》したまはん」

ああ、迷っている者は自らの宝を発見できない。狂い迷っているにもかかわらず、それを覚りだと思っている。

これを愚かだと言わずして何であろうか。慈悲深い仏には、こうした迷えるものたちを救おうとする心や切なるものがある。

だから、仏の教えによらなければ、どうして生きとし生けるものを救済することができようか。

教えの薬を投じるのも、このゆえである。それを服用しなければ、どうして迷いを癒すことができようか。

しかし、仏の教えを浅いとか深いとかいたずらに議論し、いたずらに経典を読誦すれば、かえって医師の王とも言うべき仏のお叱りを受けるだろう。


――――


お大師さまの文章は、大変にリズムがあって、意味をつかめなくとも、響きが私たちの心を正してくれます。まして、『秘蔵宝鑰』は、とりわけ名文が綴られていることでも知られているのです。

「音に響きあり」と、真言を唱えることを大事にしたお大師さまの著作は、みな目で追って読むだけではなく、ぜひ声に出して朗読していただきたいのです。必ずや、心の深層に響いて、迷う心に光を灯してくれます。

私は、こうして皆様にお話しようとして、お大師さまの教えを繰り返し読むのですが、その度に、「あぁ、そういうことだったか」と、思いを新たにすることが多々あります。

この一節も、いまさらながら、深く感じるものがありました。

一つには、ここに、お大師さまの教えの真髄が込められていることです。

教えをどれほど論じても、経典をただ読んでいるだけでは、仏さまの道に到ることはできないのです。ここで言う「浅い深い」という言葉は、顕教と密教の違いのことです。

★いくら薬を処方しても飲まないのでは意味がない

密教とは何か。それは、行をして真言を唱え、瞑想し、あるいは護摩を焚いて、祈りを行動で現わしてはじめて、仏さまを感応するのだということです。これはお大師さまの信念であります。

私は行者として生きてきました。生涯を行者として生きます。それは、私の両親をはじめ、はるかにさかのぼるご先祖の使命でもありました。

行者として生きる幸せは、祈りによって、たくさんの方々が幸せをつかむお手伝いができることです。人のために生きることができることこそ、仏さまの道にほかなりません。

そして、世のため人のために祈る時、私は仏さまと一体になる喜びを得ました。

「内庫排《ひら》いて宝を授く」

この一文から、宇宙の秘密の蔵を開き、そこから宝をいただく法を授けましょうという、お大師さまの強い決意がうかがえます。

——————

「楽と不楽と得と不得と自心能くなす」

その宝を得て楽しむか、得ずして楽しまないかどうかは自らの心がなすところである。

すべては自らの心にある。

とするのが、お大師さまの教えの基本です。

迷いの世界に留まって、いつまでたっても真実の充足を知らないで生きるのは、愚かなことです。その闇から抜け出すために、仏さまは教えの道を示します。

しかし、自分自身で迷いの闇を抜け出そうと思わなければ、どれほどの良薬を投じたところで、飲まずに放り出しているのと同じことです。

迷っていたって、気づかなければ苦しみだってわからないじゃないか。そんなふうに考えているうちは、迷いの闇にいることに気づかない状態です。

麻薬のように、迷いの世界で快楽に耽っていれば、最初は気持ち良くなりましょう。しかし、やがては苦しみが押し寄せて、逃げ切れなくなるのです。

何度も同じ苦しみを味わうのは、なぜなのか。心が少しも定まらないのは、どうしてなのだろうか。そんなことを感じたことがありませんか。みな、迷いの闇にいることに気づいていないからです。

自分の心を知る。幸せの鍵は、そこから探していくのだと、『秘蔵宝鑰』の序文で、お大師さまは教えておられるのです。

――**「我が心、自ら証すのみ」**

どうしたら、自分の心に立ち帰ることができましょうか。

言葉でいくら教えても、心を取り戻すことはできません。いくら薬を処方しても、飲まないのでは意味がないのと同じです。

★みな心に広大な宇宙を持っている

「悠悠たり」と、筆をとったお大師さまの心には、無限の宇宙が広がっていたと、私は感じています。

「飛龍　何《いず》れの処にか遊ぶ
寥廓《りょうかく》たる無塵の方
無塵は宝珠の閣
堅固　金剛の墻《かき》なり
眷属は猶雨の如く
遮那《しゃな》は中央に坐す
遮那は阿誰《たれ》の号《な》ぞ
本《もと》　是れ　我が心王なり」

天がける龍は、どこへ遊びに行くのだろう
それは広々とした汚れなき彼方
汚れなきは真珠の楼閣
堅固なダイヤモンドの塀に囲まれている
従う身内は雨のよう
遮那がその中央におられる

遮那とは誰の呼び名か
本来われわれの心のこと
――

この詩は、お大師さまが「山に遊びて仙慕う」と題してうたわれたもので、『性霊集』の冒頭を飾っています。

お大師さまの著作を流れているのは、果てもわからない広大な宇宙の大きさであり、その中心に遮那、大日如来がどっしりと坐しておられる曼荼羅の世界です。

その遮那とは、じつは自分自身のことであり、みな心に広大な宇宙を持っているのだと、お大師さまは言い尽くしておられるのです。

しかし、本来汚れなき宇宙なのに、塵をいっぱい抱えてしまって、星のまたたきも見えなくしてしまっているのは、私たち一人ひとりの迷いの心なのです。

山登りをしても、いいでしょう。森を散歩しても、感じるところがあります。自然の中に身を置くと、日々の喧噪を離れて、心が透明になるものです。

私は、幼い頃から父に連れられて、山に入って行をしました。自然の中で呼吸すると、まるで身体が宇宙と会話をしているような喜びを感じました。お大師さまは、その宇宙との会話を多くの人たちに教えたいと考えておられたのです。

誰もが正しく呼吸できるように、密教では阿字観の瞑想など、いくつもの修法を教えています。どのようなことも、考えているだけでは、何もしないのと同じことです。

★「心臓の鼓動は一緒」

ある時、送られてきた雑誌を何気なく読んでいましたら、日垣隆さんの文が目に止まりました。日垣さんは気鋭の評論家ですが、最近になって、自己改造とでも言いましょうか、新しい自分づくりに挑戦しています。

一つは料理を自分で作ることで、これは生きることとは、自分で何でも身の周りのことができることだ、と気づいたからでした。

もう一つが、方向音痴をなおすことで、思い立って地図を読むトレーニングをしているうちに、次第に地図と実際の空間とが重なるようになってきた、と書いていました。

私は日垣さんとは面識はありませんが、中年になって自分を知る再訓練を始めたのだ、と敬意を持ちました。

いくつになっても、自分に対する思い込みなど変えることができるのです。自分はこういう性格だから、と変えずにいたのでは、「自分の宝」を見つけることはできません。日垣さんが料理を覚えたり地図を読むようになったことは、ご自分がより大きく生きていこうと決めた、前進する手段の一つです。私は密教で教える「大欲」を読み取りました。悠々の可能性を秘めている自分、見知らぬ自分と出会う楽しみを探すことこそ、生きる充足感なのです。

ビートルズのジョン・レノンがニューヨークの自宅近くで撃たれて亡くなって、もう四十年が経ちました。平和を訴え続けていた彼が亡くなったのは、皮肉にも十二月八日という、「日米開戦記念日」でした。

平成十七年の追悼式に、初めて夫人のオノ・ヨーコさんが参加したそうです。「二十五年という区切りの年に、ファンの人たちにお礼も言いたかったので出かけました。私たちは家族なんだ、心臓の鼓動は一緒なんだと確認できました」（平成十七年十二月二十八日付け「朝日新聞」夕刊）

オノさんの「心臓の鼓動は一緒」という言葉に、私は感動しました。母親に添い寝をしている子は、母と同じリズムで呼吸することは、知られています。不思議な宇宙のリズムを、オノさんも知っているのだと、私は感じたのです。

「命日に彼がいないことを悲しむよりも、誕生日に彼が地上にいてくれたことを喜ぶほうがポジティブだから」と、彼女はこれまで追悼式には行かず、自宅でひっそりと夫の無念の死を悼んできました。代わりに彼の誕生日にコンサートを開いてきたのだそうです。

命日。この言葉の本来の意味はさておいて、私は、人が亡くなった日をこのように呼ぶことに、深く感ずるところがあります。「命」まさに生と死を併せ持つものです。その生と死とが、はっきりと区別されてしまう日が「命の日」なのです。

この日を境に、これまで実体があった人が消えてしまいます。しかし、全部無くなってしまうかといえば、そうではありません。気配を感じる人、思い出によって満たされる人など、生きている側の感じ方はさまざまですが、亡くなった親しい人の「存在」を感じる人はたくさんいるのです。

オノ・ヨーコさんが「心臓の鼓動は一緒」と語ったと聞いて、私は彼女が夫と同じリズムで呼吸していたこと、命日にそのリズムを感じながら追悼していたのではないか、と思ったのでした。

夫と分かち合ってきた宇宙のリズムを、オノ・ヨーコさんは初めて多くのファンたちと分かち合いました。生きていた彼をファンと分かち合おうとしてきた気持ちが、ようやく死の痛みをも分かち合おうという、もう一歩前に歩き始める心につながったのでしょう。

★どんな闇でも、必ず夜明けを迎える

『秘蔵宝鑰』と『十住心論』は、ともに、十段階の「心の住みか」を昇っていきます。疲れて止まることはあるかもしれませんが、降りることはありません。

前へ。それが、宇宙にある生命の蔵を開けるキーワードの一つでもあります。

どんな闇でも、必ず夜明けを迎えます。

「心外《しんげ》の礦垢《こうく》、
ここにことごとく尽き、
曼荼《まんだ》の荘厳、この時、漸く開く。
麼吒《また》の恵眼《えげん》は
無明の昏夜を破し、
日月の定光《じょうこう》、

有智の薩埵を現ず」

心の階段を上っていけば心の外の汚れはすべてなくなり、荘厳な曼荼羅世界がやっと現れる。真言の教えを実践する者が麼吒《また》の梵字を左右の眼に瞑想するとき、その智慧の眼が無明の闇を破って、日月にもたとえられる光が射して、金剛薩埵が現れる。

この段階に到るまでの、詳しいことは後から語っていこうと、お大師さまは述べています。このような詩による序文が、『秘蔵宝鑰』を特徴づけています。

密教は、イメージの教えともいわれます。

悪いイメージばかりを抱いて生きていれば、悪い世界から抜け出すことは難しいものです。

私は、昨今の犯罪がパソコンやテレビゲームなどといった、映像が影響している点に大きな危惧を感じています。

良いことを考えて生きる。それが、お大師さまの教えです。見かけだけではない、本当の美しさを持つものを、子供たちに見せて育てたい。私は、いま心底、そう思っています。

★生命は広大な宇宙にまたたく光

『あらしのよるに』という童話、これを映画化したものが話題になっています。

「ともだちなのに、おいしそう」

そんなキャッチコピーが、気になるというのです。キャッチコピーだけを見ると、たしかに気になりますが、中身は素晴らしいものです。

嵐の夜、逃げ込んだ小屋の中で、ヤギとオオカミが一夜を過ごします。暗い中で、互いに自分と同じ種類だと思いこんで、再会を約束します。

お弁当を持って、昼の太陽のもとで再会したヤギとオオカミは、初めて互いがカタキ同士だったことに気づきました。オオカミは、いつもヤギの群れを襲っては食べていたのです。

小さなヤギと大きなオオカミは、しかしそんな生来の掟を越えて、友情を守ろうとしますが、互いの仲間は、そんな二人を許そうとはしません。

とうとう、二人は群れを離れ、山を越えて二人で生きていく道を選びます。新しい「明日」という世界を創っていくのです。

二人を結びつけたのは、「闇」でした。その闇は、しかし、二人の再出発のためには、なくてはならない闇でした。

「生まれ生まれ生まれ生まれて生の始めに暗く、
死に死に死に死んで死の終わりに冥し」

『秘蔵宝鑰』の序文にある、この言葉こそ、お大師さまの教えを代表するものとして、語られてきました。

なぜ、生の始めが暗くて、死の終わりが冥いのか。私は今、「徒に論ずること」をせずに、この言葉を感じ取っていきたいと思います。

この世で出会った生命が消えてしまったことを悲しむより、出会ってともに生きたことを喜びたい。私たちは、そうして宇宙の闇に戻っていきたいものです。

この言葉を繰り返し唱えていると、生命が広大な宇宙にまたたく光であることを実感するのです。闇があるからこそ輝くのが、光である生命の本質です。その闇は、光を通さないブラックホールではなく、銀河が横たわる清らかな闇なのです。

大切な鍵をしっかりと持って、さぁ、秘密の蔵に向かいましょう。

第一異生羝羊心《いしょうていようしん》

闇にさまよう心

★みな、この世の栄華を想って迷っている

二十一世紀に入って、日本は変わり続けています。大きな視野で見渡せば、世界も大きく変化しています。

社会を揺るがす事件が次々に起きています。改革の結果なのかどうかは、後世の人たちが判断することでしょう。

しかし、事件によって明るみに出たいくつもの闇は、まさに『秘蔵宝鑰《ひぞうほうやく》』でお大師さまが説き教えられた状況そのものなのです。

自分が闇をさまよっていることさえわからない愚かな者たちの、いかに多いことでしょうか。

この世のことは、夢幻《ゆめまぼろし》だというのに、みなこの世の栄華を想って迷っている。お大師さまはそのように教えて下さっています。

★輪廻による苦難の人生の繰り返しから解放されるための「階段」

さて、『秘蔵宝鑰』の第一は、「異生羝羊心《いしょうていようしん》」です。この名は『十住心論』と同じです。闇に迷う愚か者の心を雄羊に喩えてつけられた心の状態です。

『十住心論《じゅうじゅうしんろん》』に比べて、『秘蔵宝鑰《ひぞうほうやく》』の表現は、はるかに簡潔です。それだけに、この「異生羝羊心」の表現は、どうしようもない愚か者だと、お大師さまのため息が聞こえてくるような、なかなか手厳しいものです。

仏教もそうですが、遠くさかのぼって古代から続いてきたのが「輪廻《りんね》」の思想です。生まれ変わり、死に変わって、私たちは今にいたっています。せっかく人間界に生まれたというのに、行いが悪ければ餓鬼道や畜生道におちて、苦難の人生をやり直さねばならない。その繰り返しから解放されるために、仏さまの道を歩くのが、教えの基本です。

お大師さまが、『大日経』をはじめ、さまざまな経典を駆使して完成した『十住心論』も『秘蔵宝鑰』も、輪廻から解放されるための「階段」なのです。

第一は、階段の一番下にあります。ここで徘徊している者たちは、自分の状態がわかっていません。階段より下の闇の奥には、より苦しい道があって、やっとの思いで階段の一番下までたどり着いたのでしょう。

見るもの聞くものが、輝いて見えます。

美酒に酔いしれ、楽しい時間をとめどなく過ごすことができる。自分は良い人生を送っているのか。そう思いながら、現代の成功者たちは暮らします。

「凡夫、狂酔して

善悪を弁《わきま》えず、

愚童、癡暗《ちあん》にして

因果を信ぜざるの名なり」

世の常の者がはなはだしく無知の酒に酔って善悪の区別がつかず、愚かな者が暗く無知で、因果の理法を信じない心に名づけたものである。

お大師さまは、このように、「異生羝羊心」の説明をしておられます。

★生きることもトレーニング

「因果」とは何でしょうか。それは、自分のしたことの報いを受けることです。現代の言葉でいえば、自己責任です。

若い時は、恐れを知りません。知らないから、一気に走ることができるのです。しかし、走り抜ける時には、このまま行って大丈夫だろうか、狭い通りで遊んでいる子供はいないか、お店の品物にぶつからないか、といったことを判断しながら走り抜ければ、他人を傷つけず、自分も怪我をせずにすみます。

スポーツ界で言えば、「動体視力」の問題です。動いているものをすばやくとらえる視力のことで、野球選手が鋭い選球眼を持つために必要だとされるものです。

また、アイスケートのフィギュア選手が、クルクルと氷の上で回転しますが、目をつむってしまったら、次の動作に入れません。それで回りながら周囲の状況を見るのですが、これもやはり動体視力が関わっているそうです。しかし、いつもと反対側に回転すると、目が回ってとても目を開けていられないのだそうです。

このような運動選手の能力は、日々の厳しいトレーニングの成果なのだと、あらためて感動します。

同じように、生きることもトレーニングです。新しい道を切り開いて改革を進める人は、新しいことを考えて実行に移します。新しいことは、とかく批判の対象になります。しかし、信念を持って進めば、必ず道は開けます。

大切なことは、それからです。

かつて、あの堀江貴文氏の「人の心もカネで買える」という言葉が人々を驚かせました。モノが無ければないように、モノがあふれていればあふれたように、人の心は道しるべを見失って、闇に迷い込むのです。

「日夕《じっせき》に営々として
衣食《いいし》の獄に繫がれ、
遠近《おんこん》にはしり逐《お》って
名利の坑《あな》に墜つ」

日夕《じっせき》とは、朝夕という意味。衣食《いいし》は衣食《いしょく》です。

毎日あくせくと衣食の牢獄に縛られ、あちこちを走り回って、名声を上げたり、利益を得るという穴に落ちてしまう。

生活に縛られ、ローンを抱えて、そのためにまた働かなければなりません。どんな高級な衣服を身に着けようと、高価な食事をしようと、それで名をあげ、利益を追求しても、今度はその水準を保つために、さらにあくせくと働き続けなければならないのです。

株で儲ければ、働かなくとも暮らしていける。昨今はそんな風潮です。しかし、株をやっている主婦が言いました。

「初めて株を手にしたときは、私も株主なんだと、とても嬉しかった。でも、それからは苦しみばかりです。自分の持っている株が上がったり下がったりして、気が休まるときがありません」

なるほど、「持てるものの苦しみ」だと、実感しました。

★モノを持てば失いはせぬかと悩み、カネを持てば騙されぬかと不安になる

一連の報道の中で、かつてアスキーという会社を立ち上げた西和彦さんという人が、莫大な資産を失って、現在は１ＬＤＫの賃貸マンションで夫人と暮らしていると話し、「何

が幸せなのか、いまはわかる」と言っていたのが印象に残ります。

モノを持てば失いはせぬかと悩み、カネを持てば騙されはしないかと不安になるのが、闇に迷う人の心です。

煩悩というのは、このようなことを言うのです。しかし、それなら、株を売買するのをやめればいいかと言えば、それでは「株という体験」を卒業したことにはなりません。また、どこかで、別のもので同じように煩悩に苦しみます。

煩悩に向きあって、自分はこの試練から何かを学ぶようにと、仏さまが導いて下さっていると思うところから、闇の中に光を見つけることができるのです。

「まるで磁石が互いに引き合うように」と、お大師さまは男女の出会いを表現します。あるいは「水晶が月に向かうと水を生じるという伝説のように」父と子の骨肉の情はまことに切ないものがある、とも語ります。

★この世は仮の姿

しかし、それが果たして真実の愛なのかどうか。夫婦が愛し合っていると言っても、本当の愛情なのだろうか。

それらはみな、火が絶えず炎をあげているように、水が絶え間なく流れているように、ただただ一時のこと、はかないものなのだと、お大師さまは教えられます。

それなのに、いたずらに想念や情念に縛られて、むなしく「無明の酒」に酔いしれているのと同じなのだ、と。

この世のことは、観覧車に乗っているようなものだと言った人がいます。高くに上がれば眺望が開けますが、また下に降りてくるのです。それなのに、いつまでも上に止まっていたい、そのために観覧車を止めることはできないか、と思い詰めるのが、煩悩に負ける気持ちです。

みな幻、この世は仮の姿だということを、しっかりと見据えないと、目の前にある現象に振り回されてしまいます。

「難波のことも夢のまた夢」と、豊臣秀吉は辞世を詠みました。

この世の栄華は、死ぬ時にあの世に持ってはいかれないものばかりです。人は死んで名を残す、と言いますが、悪名を残してもしかたのないことです。

私は、この世は仮の宿だからといって、いいかげんでいいとか、厭世気分になるのは間違っていると思います。

たとえば、舞台でお芝居をする時、どうせ芝居なんだから、本当のことではないのだから、と力を抜いたのでは、演ずる者も観る者も満足しません。

人生も同じことで、仮の宿にいても、やはり真剣に生きていきたいものです。満たされた生命の旅を終えて、ようやく次のステップに進めるのですから。

★狩りつくしても満足しない、なお食べ足りない

私たちは、連綿と続く生命の連鎖によって、この世に生まれました。しかし、この世にある限りは、自分がどうしてここに生まれてきたのか、何をすればいいのか、いつ死ぬのかもわかりません。

闇の中を手探りで進むから、時には疑心暗鬼となって、周囲を傷つけてしまいます。弱肉強食の世界は、自らの不安が呼び寄せるものなのです。

力の弱い者を襲うのは、じつは襲う側が心に不安を抱えているからです。かつてユーラシア大陸の東からフン族がヨーロッパに攻め入って、残虐の限りを尽くしました。あるいは、逆にナポレオンがロシアに攻め込んで、これも住民を虐殺しました。

大陸の侵攻戦には、虐殺はつきものだとまで言われます。なぜなら、力に自信がある侵

略者たちは、言葉も地理もわからない土地で戦います。周囲はみな敵です。恐怖が恐怖を呼んで、皆殺しに走るのだというのが、歴史の定説です。

ともかく、この心の階段の一番下にいる者には、迷いの闇で身を守る本当の衣服もなく、満たされる食事もありません。さまざまなファッションで飾り立てても落ち着きません。どんなに食べても、まだ食べたりない思いを抱いているのです。

鳥やけだものを狩りつくしても心は満足しない。調理室には狩りの獲物がいっぱいになっているのに、なお食べたりない。

お大師さまは「異生羝羊心」を、このように語っておられます。

大都会で、毎夜繰り広げられる宴の数々。世界のあちこちで、それはそれは豪華な宴会が開かれているのです。それでも、夜が明ければ、また今夜は何を食べようか、何を着て愉しもうかと、享楽に酔いしれる人は数知れません。一方では、食べるものもなく、寒さに震えながら死んでいく人たちがいるというのに、です。お大師さまがこの『秘蔵宝鑰』で語られる、闇に迷う社会のありようは、何と現代に似ていることでしょうか。

「強盗や窃盗は珍しい宝に目がくらんで死刑となり、美人に迷ってこれを侵せば身を滅ぼす」

★目の前の利益ばかり追っていて、どうして迫りくる地獄の火を知ることができよう

ここで、お大師さまはなんと「和強両姦」という言葉を使っておられます。合意であろうと無かろうと、かりそめに交わることは破滅の元だと教えておられるのです。

「無慚無愧《むざんむき》にして
八万の罪、ことごとく作り、
自作教他して
塵沙《じんじゃ》の過常《とが》になす」

怒ったり、貪ったり、愚かであったり、自分の心のおもむくままに行動していると、自分を毒することになる。このようにして、慚愧することもなく、数知れない罪を作って、自分だけではなく他人をして犯させ、つねに無数の罪過をなしている。

反省もなく、恥も知らない傲慢な心は、必ずや「苦を招く」と教えます。

「眼前の利を見る
何ぞ地獄の火を知らん
羞ずることなくして十悪を造り
空しく神我《しんが》ありと論ず
執着《しゅうじゃく》して三界を愛す
誰か煩悩の鎖を脱れん」

目の前の利益ばかり追っていて、どうして迫りくる地獄の火を知ることができようか。さまざまな悪業をなして、何も恥じず、自分の存在ばかりを論じている。迷いの世界に執着して、それを愛している。どうして、煩悩の鎖を逃れることができるというのだろうか。

お大師さまの詩が、胸に迫ります。

★俗世を捨てて、早く覚りの世界に入りなさい

しかし、このようなバブル現象は、現代に限ったことではありません。

古代ローマは、じつに現代に通じると言われます。吐き薬を飲みながら続く宴会には、植民地から集められた山海のごちそうが並びました。

貴族の女性たちは着飾って宴会に臨み、恋をしたり、楽しく暮らすことに身をやつしていました。

育児よりはパーティーがよいと、避妊をするようになって、この傾向はやがて農村にまで広がっていきました。

男性も女性も、「魚は頭から腐る」というナポリのことわざ通り、貴族階級の崩壊から、世界を席巻した大ローマ帝国も滅んでいったのです。

ローマ帝国では貴族や平民、そして奴隷という身分制度がありました。奴隷は主に征服した土地から連れてきた人たちでしたが、彼らは人間として扱われることは少なかったのです。中には、人間的な雇い主もいたでしょうが、人権などあろうはずもなく、ときに猛獣の餌食にする「競技」を、大きなコロシアムで開催したほどです。

人はみな仏さまです。その真理がわからない人たちがリーダーとなれば、その国は必ず滅びるのです。

歴史の教訓は、闇を照らす仏さまの智慧のともし火にほかなりません。

どうしたら、「異生羝羊心」の世界から抜け出すことができるのでしょうか。階段を上がると、どのような世界が開けていくのでしょう。

人間の愚かさは、どんな種から生じるのでしょうか。

「慢《おご》ることなかれ　浮華名利の毒を
焼かるることなかれ
三界火宅の裏《うち》に
斗藪《とそう》して早く入れ
法身の里」

浮ついたこの世の名声や利益の毒に、おごってはならない。
この世の火につつまれた家の中で、焼かれるでないぞ。
俗世を捨てて、早く覚りの世界に入りなさい。

お大師さまは、「異生羝羊心」に迷う者たちへ、呼びかけられます。

これは、『遍照発揮性霊集　巻二』の「山に入る興」という詩の一節です。

お大師さまは、自然の中にいることがお好きでした。この詩は、その山中の自然の素晴らしさをうたっているのです。都にいれば便利で快適な生活が送れるけれども、山の自然はいくら眺めていても飽きなくて、いとおしい。そして、この一節で詩を結んでいるのです。

世捨て人になりなさい、と言っているのではありません。

お大師さまは、心にいつも自然の風景を描いておられたのだと、思っています。たとえ都にあって、人事の煩わしさを感じる時も、ふと瞑想すれば、たちまちに俗世の塵を払う清々しい空気に満ちた山中に遊ぶことができたのでしょう。

その心があるからこそ、「異生羝羊心」に迷う者たちを、どのように救えばよいのか、思いをめぐらすことができたのです。

「法身の里」とは、大日如来がおられる所です。宇宙の源である大日如来のおられる所は、しかし自分自身なのです。

「**迷悟我に在れば、発心すればすなはち到る**」

これは『般若心経秘鍵《ひけん》』の言葉です。

まるで雄羊のように、目先の欲望に振り回されて生きている心では、とうてい安心の世界に到ることはかないません。

日本人は、今こそ心を取り戻す時だと、私は信じています。

「空しく神我ありと論ずる」のは、ホリエモンだけではありません。悪いのは他の人だとばかりに、責任を押しつける風潮は、決してよい結果を生まないのです。

★覚りへの道は中道をとること

奢りは、自分への過信から生まれます。ローマの皇帝や殿様や、現代の大富豪といった特別な人たちだけではありません。

奢りは、私たち一人ひとりの心に巣くう、小さなコケなのです。コケは、水をやらなければ眠ったようになります。死んだわけではありません。水を与えればまた復活します。

同じように、私たちの心にある奢りは、よく出れば誇りとして、苦難に耐える力をもたらしましょう。しかし、一歩間違えればすぐに復活して、自分が一番偉いと思ってしまう「裸の王様」になってしまうのです。

自分の心をあるがままに知りましょう。

どんなに友達とお酒を飲んでも、背中にすきま風を受けるような寂しさを感じたことはありませんか。ワイワイ騒いでも、独りになったら、何だか泣きたくなるような思いがしたこともありましょう。

歳を重ねれば、誰とも話が合わなくなってしまったと、疎外感を感じることもあるでしょう。耳が遠い、目が見えにくい、足が不自由だと、いらだつことが増えていきます。

さまざまな壁を乗り越え、試練を越えて人生を生きてきたのに、老いというものはつらい気持ちになりがちです。そんな時に、思い出していただきたいのです。この世は舞台、演じることは死ぬまで続くということを。

「凡夫《ぼんぷ》は名聞利養資生《みょうもんりようししょう》の具《ぐ》に執著《しゅうちゃく》して、務《つと》むに安身《あんじん》をもってし、恣《ほしいまま》に三毒五《さんどくご》欲《よく》を行《ぎょう》ず。真言行人《しんごんぎょうにん》、誠《まこと》に厭患《えんげん》すべし。誠《まこと》に棄捨《きしゃ》すべし」

普通の者は、世間の評判や利欲、生活用具にこだわり、とらわれて、ただ自分の安楽につとめ、貪り・怒り・愚かさという三つの毒や、あるいはあらゆる感覚の対象に対する欲望を欲しいままにしている。真言を実践する者は、まさにこれを厭わなければならない、捨て去らねばならない。

これは、お大師さまが『秘蔵宝鑰』の第一巻の結びとされた、龍猛菩薩の言葉です。

私たちは、毎日を何気なく過ごしているのですが、せめて一日の終わりに、今日の反省をしていただきたいものです。

しかし、このことにとらわれてもなりません。覚りへの道は「中道」つまりは調和をとることなのです。

グルメ友達と、おいしいものをいただいたからといって、すぐに自分はダメだと思うのは間違っています。レストランで料理が出るまでに関わった人々の心に、さらにそんな美味しいものをいただける境遇に感謝していただくことができたかどうか。そこが大事なところです。

私は、現代の日本に生きているというだけで、まずは感謝の念を持ちたいと思っています。平和で、豊かで、自然にも恵まれ、文化は高く、便利に暮らせる。その幸せに感謝したいのです。

さまざまな問題は、私たちが道を誤らないようにと教えて下さる、仏さまのメッセージなのです。

そう思えば、自分がどのような心の環境にあるのか、よく見えてくるでしょう。大切に毎日を生きることです。

第二愚童持斎心《ぐどうじさいしん》

ふとしたきっかけで、思いやりが芽生える

★善悪の判断は幼い時に脳の回路に刻んでおく

大人になりきれない。そんな日本人が増えていると言われます。自分勝手な考えを振り回して、何か壁にぶつかれば、他人や状況のせいにしてしまう、そういう責任感のない大人の言動や事件が目に余る昨今です。

幼児性が抜けないから、強い者に向かわずに、弱い者を攻撃するのです。

人が人として生きるということが忘れられようとしている世の中に、私はこの『秘蔵宝鑰』の第二「愚童持斎心」の教えを、ぜひ伝えたいと願うところです。

愚童とは、愚かな童と書きます。子供はみな愚かという意味ではありません。道理がわからない、という意味でこう表現しているのです。

「可愛くば、二つ叱って三つほめ、五つ教えて善き人にせよ」

昔の人は、子育ての極意をこんな言葉で伝えていました。叱ってばかりではいじけます。ほめてばかりでは苦境に挫《くじ》けてしまいます。言葉で言うだけでは、上の空で終わります。善悪の判断は、幼い時に脳の回路にしっかり刻んでおくことが、大切なことです。

子供を叱ることもほめることも、じつはとても難しいことです。子供を叱ることが、知らず知らずのうちに、親の感情の捌《は》け口になり、虐待につながってしまう危険があります。かと言って、ただ優しくしていればいいというものでもありません。子供の言いなりになって、甘やかしてしまいますと、子供の精神を弱くしてしまいます。

難しいところですが、基本はただ一つ。大きな愛情をもって、子供に接することです。子供は七歳までのどこか一年間、徹底的に厳しく教育する。これが私の信念です。私は一男二女に恵まれましたが、この信念を実行してきました。

★護摩の火で焼かれた小さな手

現在、私の生家の寺を継いでいる長男に対しては、とりわけ厳しくしました。「行」で縛ったのです。私が子供の頃に、父から教えられた「行」とほぼ同じことを長男にもさせたのです。

ヨチヨチ歩きを始めた頃から、「仏さまにお茶をあげておいで」「お線香をつけておいで」と言っては、少しずつ覚えさせたのです。私が、父の姿を見て自然に覚えたように、長男も私が行をするのを、毎日見ていました。ですから、私の言うことを素直に聞いて、次第に行を生活の一部と思うようになりました。

護摩行を毎日やらせました。手で印を結ばせ、私が護摩木をくべている間はずっと「ノウマクサンマンダー、バーザラダンセンダン……」と、不動真言を唱え続けさせました。印が崩れれば、「外すな！」と叱ります。

火が数十センチ先で燃えているので、それに気を取られて、印がゆるむのです。もちろん後ずさることも許されません。

長男が幼稚園に通っている時でした。行の最中、ふと気がつくと、長男が身を小きざみに震わせながら泣いています。泣きながらも、印をしっかり結んで、真言を唱えています。その右手の指の付け根に護摩の火が落ちて燃えていたのです。今でも、息子の手の甲には火傷の跡が残っています。

端から見たら、子供を痛めつけていると思われたでしょう。しかし、行の最中は私も夢中でした。私の家系では七歳になるまで、一通りの修法を教え込むのが家風です。長男が行者になる才能があり、自分にやる気があるのなら、その役割を果たせるように、少しでも早く、長男に行法を覚えさせたいと思っていました。

私の父が私にしたように、行の厳しさと辛さ、そして大切さと素晴らしさを自分の身体で知ってほしかったのです。

小さな手が護摩の火で焼かれた時は、さぞ痛かったことであろう、熱かったことであろう、と私はその痛さを我が身に感じて、長男の心に「同悲」を共有しました。長男は、よく耐えました。ほめてやりたかった。

その後も、厳しい行が続きましたが、成長して後、長男は申しました。

「修行は苦しかったけれど、いまでは行者というものはすばらしい、と誇りを感じています」

その言葉を聞いたとき、私は、本当にうれしく思いました。苦しさに耐えた長男の強さもさることながら、私が行を教える心をしっかり受け止めたのだ、と仏さまに感謝したのです。

★三界の生きとし生けるものは、すべて吾が子なり

弟子に対しても、私は我が子と同じように厳しく行を教えます。手加減はしません。行とは、生命がけで行うものなのです。厳しく教えなければ、行者自身を清めておくことができなくなってしまいます。

私は、親から厳しく教えられたことによって、今日まで無事に使命を果たして生きてこられたと思っています。その厳しさの奥に、深い愛情があることを、両親はいつも私に感じさせてくれていたのです。

「三界は吾が子なりというは大覚の師吼《しく》」（『性霊集　巻十』）

三界の生きとし生けるものは、すべて吾が子であるとは、大いなる覚りを開いたお釈迦さまの言葉である。

お大師さまは、そう述べておられます。あるいは、

「諸仏威護して一子の愛あり」（『性霊集　巻三』）

諸仏は衆生に対して、まるで親が大事な吾が子への愛を降り注ぐように、大いなる愛を持って守っているのだよ。

とも、教えます。

仏さまのように、深い愛こそが親が子を思う愛です。その無限の愛を、どのように子に伝えたらよいのか、どうも、迷って間違った道に踏み込んでしまう親が増えてしまっているのが、現代社会であるように思います。

大人自身が、「親」になりきれないままに子を持ち、育ててしまって混乱しているのです。

そんな迷いの心に、お大師さまの教えが指針となれば、と願うばかりです。

★自分の心を覆っていた驕りや不明を恥じるところから、心の旅が始まる

さて、その「愚童持斎心《ぐどうじさいしん》」を読み解きましょう。

「それ禿《かむろ》なる樹、
定んで禿なるにあらず。
春に遇うときはすなはち栄え華さく。
増《かさ》なれる氷、
何ぞ必ずしも氷ならん。
夏に入るときはすなはち泮《と》け注ぐ。
穀《こく》牙《げ》、湿《うるお》ひを待ち、
卉《き》果《か》、時に結ぶ」

そもそも冬枯れの樹木でも、いつまでも枯れているのではない。春になれば、芽生えて花が咲く。厚い氷でもいつまで氷っていることはない。夏になれば、溶けて流れ出す。穀物の芽も湿り気があれば発芽し、果実も時が来れば実を結ぶ。

書き出しの名文を、ご一緒に味わいたくて、原文を長く紹介しました。
当たり前のことですが、季節がめぐっているように、私たちの「時」もまわっていることを、思い出させてくれます。

「冬来たりなば、春遠からじ」

「夜明け前が一番、暗い」

こんな言葉で、元気を取り戻した体験を持つ方はたくさんいます。辛いことがあって、落ち込んでしまった時、私たちは絶望の淵の底ばかりを見ようとしてしまいがちです。

そうではない。暗い淵から立ち戻る道があるのだ、とお大師さまは言っておられるのです。

「絶望の淵」とは、どんなものでしょう。

『秘蔵宝鑰』の第一「異生羝羊心」で語る、深い闇にさまよう孤独な我が心を知ったことでしょう。

仕事に人生にパワフルに活動しているはずが、どこか虚しいと感じた時、それが仏さまのご縁に触れた時です。

仏さまがかすかに指し示す灯りで、我が身の真の姿を見てしまったらどうでしょう。栄華を極めていると思っていたのが、じつは自分のことばかり考えて、誰からも背を向けられていたと知ったら、どうでしょう。

最近、事件を起こした企業の社長が記者会見で謝ります。強気だった人が過ちに気づいて、自ら傲慢だったと謝罪する姿を見ていると、お大師さまが「異生羝羊心」で教えたことが重なります。

知らず知らず、自分の本当の心を覆っていた驕りや不明を恥じるところから、心の旅路が始まるのです。

★人はいつまでも愚かな子供のままであるはずもない

そして、次の段階が、この「愚童持斎心」です。

冬の寒々とした厳しい風景も、春になれば、また花が咲き、鳥は歌い、生きている喜びを感じることができる。お大師さまは、そう諭されます。

「物に定まれる性なし。
人、何ぞ常に悪ならん」

物には決まった性質などはない。どうして、人はいつも悪人でいられようか。

船を強奪しようとした泥棒の頭領が、戒められて後に太守になったこともあると、お大師さまは中国の故事を例にあげられます。原石を磨けば立派な宝石となるのだと教えるのです。

そして、縁に巡り会えば、並の者でも素晴らしい道を願うのだから、と続けるのです。

山川草木悉皆仏性《さんせんそうもくしっかいぶっせい》。

どんな生命も仏さまなのですから、いつまでも愚かな子供のままであるはずもないのです。

人は等しく、仏さまに還る生命を持っています。そのことを、よく心に刻んで人生を生きたいものです。

どんな愚かな者でも、ある時に一つの思いを生じることがあり、それを「持斎《じさい》」と言います。その一条の光が外に輝き出せば、たちまちのうちに自らの欲望を抑えて、しばしば他の者に与えてやる。それが善の心に発展するのです。

★心に壁をつくってしまうから、物事がうまくいかない

戦後の日本は、廃墟からの復興を目指して頑張ってきました。経済を優先して、とうとう世界有数の経済大国になりました。しかし、ボランティアなどの社会活動はなかなか活発にはなりませんでした。

それが、阪神大震災をきっかけに、若い人たちが積極的にボランティア活動をするようになって、各地を襲った豪雨や中越地震などでは、被災地に全国からボランティアが集まって、被災した人々を助けました。当たり前のこととして、ボランティア活動が広がっていったのです。

何もしない時代を「悪」とまで断じることはできませんが、ふとしたきっかけで、人々の心に、他人を手助けしようという気持ちが生まれたのです。

まさに、「縁に遇った」のです。

従来の日本人が、「ボランティアに向かない国民性」だったわけではありません。他人を助ける気持ちは持っていても、その気持ちを素直に表すことができない、心の壁をつくっていたのです。

記録的なベストセラーになった養老孟司先生の『バカの壁』には、心に壁をつくってしまうから、物事がうまくいかないのだ、とあります。

養老先生は、「自分の意識だけが世界のすべてだと思い込む一元的な考え」に凝り固まっている状態を「バカの壁」をつくっている状態だと言われるのです。

「短き綆《つるべ》の水を汲む、
疑《うたがい》を井《いど》の涸れたるに懐《いだ》き、
小さき指の潮《うしお》を測る、
猶《なお》底の極まれるかと謂《おも》へり」（『三教指帰』中）

短い縄のつるべを持って水を汲み、水が少なかったからといって、井戸が涸れてしまったかと疑い、小指をもって海の深さを測り、指がすべて入ったからといって、海の底に届いたと思い違いをする。

井の中の蛙《かわず》大海を知らず。昔の人は、狭い了見に陥っている人を戒めてきました。お大師さまが教えられるのは、まさに『バカの壁』で養老先生が指摘した、自己中心的な考えです。それが「異生羝羊心《いしょうていようしん》」なのです。

★「他人を生かすことが自分を生かすこと」と気づいた時、初めて人と成る

壁を取り払うためには、どうしたらいいのでしょうか。

儒教が説いている人の人たる道を習い、仏教が教える善を学びなさい、とお大師さまは

道を示されます。人の人たる道とは、仁、義、礼、智、信です。

仁は「不殺」――仏教では殺さないことだと教えます。己の身になって他に与えることが、仏さまの道へ進むことなのです。

義は「不盗」――他のものを取らないことです。おのれのものを節約して他に与えてやる。

礼は「不邪」――男女の道を乱さぬことです。人の世には、すべて礼儀によって秩序があるのだ、とお大師さまは説きます。

智は「不乱」――酒に乱れぬことです。つまびらかに事柄を決定し、よく道理を通すことです。

信は「不妄」――うそをつかぬことです。言ったことは、必ず実行すること。

この五つをよく行えば、四季は順調にめぐり、万物の元は乱れず、国は安定し、家庭に隠し事はない、と言います。

儒教では「五常」、仏教では「五戒」と申します。

人間は、社会的な動物です。群れをつくって生きています。たった独りで生きているのではないことを知ることが大事です。壁にぶつかったら、そのことを思い出してみましょう。

「五戒」は人と共に生きるためにありますが、他人を生かすことが、自分を生かすことだと気づく時、私たちは初めて「人と成る」ことができるのです。

人と成らなければ、仏さまに成ることはできません。人の道は、仏さまに成るための大きな関所なのです。

★あらゆることを肯定して生きる

峠を登って、ようやく関所が見えますと、旅人は安堵します。悪いことをしていれば、関所は恐ろしい所、避けて通らねばならない所です。しかし、「五戒」などの善いことをしていれば、関所はやっと人に出会える所、自分が何者なのかを確認してくれる休息の場にもなります。

「あぁ、無事にたどり着いた」

その安心が、心の壁を取り払います。

仏さまの光に気づくのです。

インドで生まれた密教は、生命の元を五つの要素だとしました。物質としての「五大」に、お大師さまはもう一つ「識」を加えて、六つあるよ、と言われたのです。

儒教の「五常」に、仏教の善を加えると、人としての道となる、とここで説いていますが、それは「十善」の教えであると同時に、仏教の根っこである「慈悲」を加えて、私たちがなすべき道を教えているのだ、と私はとらえています。

五つの戒めは、いずれも「不」という言葉がついているように、「何か、してはいけない」というネガティブな教えです。

そこに、「善」を持ってきたところに、お大師さまの「あらゆることを肯定して生きる」という教えがあるのです。

おカネを儲けて贅沢をし、毎日美味しい食事に明け暮れ、異性と楽しく過ごすことばかり考えて生きていることが、じつは虚しい人生を送っているのだと気づいた時、人間はおのれが高い崖の縁に立っていることに気づきます。

★愚童に目ざめた時から、救いの道が開ける

大人の深い知恵を持ち、自分で危険な崖の上に立っていると気づけば、戻ることもできましょうが、その知恵も持たないまま、目の前に広がる闇に気づかずに進んでいけば、深い闇に落ちるのです。

それでも、お大師さまは「悪人だって救われる」と説いておられます。もともと、悪人などいない。「愚童」に目覚めた時から、救いの道が開けるのです。この世に生きる私たちは、人生で「異生羝羊心」の闇に踏み込む時があります。そして、「愚童持斎心」を得て、その闇から再起して育つのです。

人間の身体的な成長と精神の成長は、ある時には一方が早く成長し、もう一方が後からついていき、その後また逆転しながら育っていきます。心と身体の成長は足並みを揃えたり、競合したり相克しあったりしながら進んでいきます。青春が大きな感動と深い挫折感を持ち合わせているのは、生命が持っている矛盾そのものでもありましょう。

私も、若き日の思い出をたぐれば、日々、自分の成長に自分が追いつくのが精一杯だったのだ、と感じます。

それが生きることだ、と今ならわかりますが、苦しい時もありました。しかし、仏さまを信じ、親や周囲の人、見知らぬ数々の人たちから送られた愛の温かさに、仏さまの光を見つけて、もう一度、頑張ってみようと思って立ち上がったのでした。

お大師さまは、すべての生命に輝く光を信じて生きておられました。その光を自分の中に見つけることこそ、本当の喜びを知る第一歩なのだと説いておられるのです。

★人に与えられた素晴らしさを充分に活かして生きることこそ人の道

ギリシャ神話に「パンドラの箱」というお話があります。神様から、決して開けてはいけないと言われていた禁断の小箱を、少女は好奇心に負けて開けてしまいます。

その瞬間、封じ込めていた悪のすべて、怒りや妬みや猜疑心、疫病から災害まで、人間を苦しめるすべてが世界に飛び散っていったのです。

絶望した少女が、ふと箱の底を見ると、たった一つ残っていたものがありました。それは「希望」だった、というお話です。

人間は、希望という心の灯りによって、蘇ることができます。明日に夢を持つということは、それほど強い「心の力」なのです。

私は、この「愚童持斎心」を「五戒」と「善」とで説いたお大師さまの教えの深さを感じます。

儒教は五つの戒律だけで、人の道を説きました。しかし、厳しく戒律を守るだけで、人が人として生きていくことができるでしょうか。

もちろん、この戒律なくしては、混乱の社会になってしまいますから、必要なことに違いありません。

しかし、何かが足りない、とお大師さまは考えておられたのです。

若い時から、お大師さまは儒教や道教、そして日本に入っていた学問重視の仏教に疑問を持っておられました。人が満たされて生きるには、足りないものがあると感じておられたのです。その考えは、『三教指帰』によく表れています。

お大師さまは唐に渡る前に、日本にある心の書ともいうべき儒教、道教、そして仏典を読んで研究しておられました。

その上で、人が人として生きるには、シンプルな生き方こそが、すべての出発点になることを、唐で得た『大日経』の教えによって得られたのです。

輪廻の思想は、仏教の「五戒」「十善」を実行すれば、来世も必ず人として生まれることができる、と教えます。

人として生まれたことは、それほどに尊いことなのだという自覚を、私たちは胸に刻んで生きていきたいものです。

それは、動物をさげすむことではありません。人に与えられた能力が、いかに豊かなものを生み出すことか、その素晴らしさを存分に活かして生きることこそが、人の道なのだ、とお大師さまは教えておられるのです。

★考えて行動するのが智慧の働き、愛を持って与える心は慈悲

『大日経』を引用して、お大師さまはこの「愚童持斎心」の巻を締めくくります。

「愚童凡夫、ある時に一法の想生ずることあり」

何かのきっかけで「善いことをしよう」と思った、それが第一だということです。小さなことを実行してみるとうれしい。その気持ちから、また善いことを行うのです。

この「小さなこと」とは、たとえば、毎日の生活をリズムを持って送ることから始めてもいいのです。

気持ちがいいことが、次の気持ちいいことにつながって、扉が開いていきます。引きこもらないで、朝、深呼吸をしてみましょう。それができたら、やめないで、一週間続けてみましょう。すると、なんだか気持ちが良くなっていることに気づくはずです。

第二には、親や親族に施しなさい、と経典は教えます。「いつも、してもらってばかり

だなぁ」と気づいたら、たまには「ありがとう」の気持ちを添えて、何かしてあげましょう。その施しを他人に広げてみましょう。これが「第三の蕾のふくらみ」だと教えます。

次に、この施しを徳のある立派な人に与えるのが、第四の葉の広がりです。徳のある社会をつくるには、徳の高いリーダーを育てねばなりません。古代では王であり僧であり、儒家や道家などの哲学者でしたが、現在は政治家であり、地道な研究を続ける立派な学者というところでしょうか。その道に専念してもらうために、施しをするのです。

しかし、大衆を率いるための徳を求められる政治家の品格が問われたり、学者のデータ捏造が問題になる世の中を、まずは正さねばならないのでしょう。高貴なるものの義務、それが公共心であり、持てるものが持たざるものに施しをする原点なのです。

第五は、芸能の人、すぐれた仏者に施す、と『大日経』は説きます。感情を育て、感動によって心を開くことを、「花びらの開花」としています。そのことによって「親愛の心」を発することができるのだ、と。

そして、その心をあらゆる人に与えるのが、第六の実りなのです。

考えて行動するのが智慧の働きなら、愛を持ってすべての人に与える心は慈悲、その両輪が調《ととの》って心は育っていくのです。

第三 嬰童無畏心《ようどうむいしん》

一時の安心の世界を知る

★日々の安楽にもたれかかって病んでいるのに気づかない社会

「心の時代」と言われています。心を見直そうとする世の流れですが、それだけ心がおろそかにされている時代だとも言えましょう。

その背景にあるのは、モノにあふれた現代日本です。

生命の設計は、モノが無いことを想定してなされてきました。実際、人類の歴史を振り返ると、飢餓はいつでもすぐそこにあって、人類は食べ物がなくなる恐怖と戦ってきました。いまなお、世界の多くの地域で、たくさんの人たちが飢えに苦しんでいます。

それらの地域では、全ての生命が生き延びるための食べ物を、どうやったら確保できるかということに、生きている時間のほとんどを費やしているのです。

その一方、先進国に暮らす人たちは、食べ物がありすぎて困るようになりました。太りすぎたり、栄養をとりすぎて病気になったりするなど、これまでの生命にはない現象です。雨露に触れない頑丈な家があり、衣類に恵まれ、食べ物にあふれ、戦争もない。古代から人類が憧れていた暮らしを、私たちは送っています。

生活は便利です。海外旅行をしたり、高価なブランド品を身に着けて、貧しい国の人々から見たら、まるで「天国」に暮らしているように思えるでしょう。

それなのに、幸せを感じない人が多いのは、どうしたことでしょうか。

お大師さまが説かれる「心のありよう」からそんな現代社会を見直してみると、現代の日本人が溢れるモノに溺れそうになっている姿が浮かんできます。

いま、なぜ日本社会は病んでいるのか。平和で安穏な日々を送りながら、親子が殺し合い、弱い者の生命を簡単に奪うような社会は、健康ではありません。

日本人は日々の安楽にもたれきってしまって、日本社会が病んでいる状態に、まったく気づかずに生きているのです。

まるで、道理のわからない子供がただ母親に従っているように、何も考えずに一時の安らぎを得ている「嬰童無畏心《ようどうむいしん》」の状態そのものではありませんか。

日本人は、敗戦によって「ゼロ」から再出発しました。戦争や飢餓におびえることのない、豊かで落ち着いた生活を夢見て、一生懸命に働いてきました。もう二度と戦争はしたくないと平和を願い、他の貧しい国々にも経済的な援助をして、より良い世界になるようにと祈りながら生きてきたのです。

その結果、「天上界」ともいうべき豊かな国家に生まれ変わりました。しかし、それだけでは国民の心を満たすことができないことを、私たちは感じています。

何か欠けているのに、それが何なのかわからない。自立していない幼子のように、ただ「時代という母親」に従っているのです。さまざまな事件が、そんな社会の影を写し出しています。

★便利さの中で何かが足りない

「外道、人を厭い、
凡夫、天を欣《ねが》うの心なり」

いまだ、仏さまとしっかり出会っていない人たちは、安楽に暮らせる天上界に昇ることを願って生きています。

それが、「嬰童無畏心」だと、お大師さまは教えられます。「外道」とは、お釈迦さまが仏教を開かれた当時のインドで、伝統的なバラモンの教えをかたくなに守っていた者、苦行にこだわって生命の本質をとらえられない他の宗派の者たちのことです。

この『秘蔵宝鑰』では、巻一からこの巻三までを、「世間の住心」としています。出家せずに普通に暮らしている人たちの心の在りようを説いているのです。

二十世紀は発明の世紀でした。そのおかげで、人々の生活は驚くばかりに発達していきます。電気から光通信にいたるまで、それは現代の仙術といってよい技でありましょう。

現代は、ボタンを押すだけでお湯は出る、世界情勢はわかる、オペラは観られる、食べ物もできる。何でも願いは叶います。

インターネットで、世界の果てにいる人ともコミュニケーションができます。さらに、電車の切符も買えますし、自動販売機でお茶も買えます。テレビも見られれば、本も読めるし、書くこともできるのです。

しかし、便利さの中で何か足りない、と無意識のうちに感じているのです。もっと便利に、もっと観たい、知りたい、話したい、という欲がわいてきます。

友達とメールをしすぎて、仲たがいしてしまう。メールのやりとりだけで、見知らぬ他人を信じて事件に巻き込まれてしまう。最近の社会現象の多くが、携帯やメールやパソコンなど便利な「新兵器」によって生じていることを思うと、ここはしっかり考え直す時期にきていると思わずにいられません。

どれも、子供が玩具に興じているような一時の安らぎでしかないのです。

★人間を嫌い、天上界を喜ぶ心

「仙人の技」を使って現代の「天上界」に行っても、その心のありようはどうでしょうか。

「下界を厭うこと瘡疣《そうお》の如く、
人間を見ること、蜉蝣《ふゆう》の如し」

人間を嫌い、天上界を喜ぶ心が、この「嬰童無畏心」なのだ、とお大師さまは言われます。

天上界から外界を見下ろして、まるで腫れものにさわるように嫌い、人間をカゲロウの虫けらのように見ているのが、この「嬰童無畏心」だというのです。

現代の日本人には、そうした心で暮らしている人たちが少なくありません。清潔な生活をしているために、ボロを着て路上に暮らすホームレスを、まるで虫けらのごとく扱って殺してしまう事件があります。いくつも起きてしまったこれらの事件は、みな少年たちによるものです。

物質的に恵まれた少年たちが、生命の本当の価値も知らず、自分たちを天上界で暮らすエリートだと思い込んで、汚れた格好をしている人を軽蔑してしまうのです。

「屋島の不喰梨（くわずのなし）」というお大師さまの伝説があります。お大師さまが遍路されている途中、讃岐の屋島で、裕福そうな家に供養を乞いました。欲張りの主人は、供養するものは何もない、と冷たく言い放ちました。すると、お大師さまは家の傍らの木に梨がたわわに実っているのをご覧になって、「それでは、この梨を、二つ三つ施してはくださるまいか」と頼みました。するとその家の主人は、いっそう冷たい表情で言いました。

「この梨は喰えないのだ」

お大師さまは、そのまま立ち去られました。その後で、主人が梨の実をもいで食べようとしますと、まるで砂をかむようで「喰えない梨」に変わっていたという話です。

この説話は貪欲を戒めたものですが、外見だけで人を判断してはいけないという戒めでもある、と私は受け止めています。

自分がピカピカに磨かれ、清潔で安定した暮らしをしているからといって、優越感を持っては、せっかくの「天上界」から転落してしまいます。

★本当の満足とは

「福報」、すなわち良い行いをした報いによって生まれ変わることができる天上界は、素晴らしいところです。日月さえも覆い隠すほどの神の光に満ち、思うことがかない、憂いのない世界で暮らすことができます。

しかし、心地よい暮らしをしたからといって、私たちは心の底から満足して生きているでしょうか。本当の満足とは、仏さまに出会ったところから得られるのだ、とお大師さまは教えます。

僅かばかりの悩みを逃れるから、「無畏《むい》」すなわち安らぎと言い、まだ本当の覚りの楽しみを得ていないから、「嬰童」すなわち子供であると、この心のありようをお大師さまは説きました。

仙人が薬を使って不老長寿を得たり、空を飛ぶことができたとしても、それが本当の世界ではない。本当は、天上界のさらに先に、仏さまのおられる生命の故郷がある、とお大師さまはこの巻で教えられます。

その「天上界」から墜ちずに、次の段階に行くには、どうしたらよいのでしょうか。

ニートとか、フリーターとか呼ばれている、定職に就かない若者たちが問題になっています。彼らは大いに悩んでいるのですが、彼らも物質的に豊かになった現代日本という「天上界」で、溺れそうになっている子供のように見えるのです。

日本ばかりではありません。世界の格差が広がって、この地球はいまや「天国と地獄」に、はっきり分かれてしまっている感があります。

しかし、その「天国と地獄」は、必ずしも心の状態と一致してはいません。

★自らに備わっている宝を曇らせている

能力があるのに、若者たちの力を発揮する場所がないと言われています。しかし、どうでしょうか。

十ある力を、五とか六とかしか発揮していない人があまりに多いと、私は感じています。残りのパワーは、どうやって発揮してよいのかを知らないために、鬱屈したまま、我が身を蝕むこともあるのです。あるいは、暴発してしまうこともあります。

激しい毒は、自分では解毒できないから、名医が必要になる。また宝珠は、それ自体がはじめから宝であるわけではない、職人が磨いて宝とするのだ。お大師さまは、この巻でそう説いておられます。

優れた資質を持って、恵まれた家庭に生まれても、これを磨く「職人」がいなければ、輝く宝珠にはなりません。毒に侵されてしまったら、医師に治療してもらわねば治りません。そのことを理解しないで毒の心地よさに酔いしれ、恵まれた環境に安住してしまうと、若者は自らに備わっている宝を曇らせてしまうのです。

『秘蔵宝鑰』の第三「嬰童無畏心《ようどうむいしん》」とは、「甘えの構造」への戒めである、と私は解してもいるのです。

本当に充実した人生を送るには、どのような気持ちで暮らしたらいいのか。お大師さまの教えは、現代に生きる私たちに充分通じるものです。

「嬰童無畏心」は、それまでよく働いたので、ご褒美としてリゾートで遊んでいるようなものと思っていただくと、わかりやすいでしょう。

ご褒美だと思えば「ありがとう」の感謝の気持ちになりますが、当然の権利だぞ、と威張って遊んでは、楽しい気分がちょっとそがれてしまいます。そのことに気づくかどうかで、後が天と地ほど違ってしまうのです。

若さが悪いのではありません。明治維新を成し遂げた人々の年齢をみれば、よくわかります。二十代から三十代の人たちが、日本を近代国家に生まれ変わらせたのです。

しかし、現代日本は、どうも苦労知らずの若者が怖いもの知らず、人の心知らずの行動で混乱をきたしているようです。そんな人たちにこそ、この嬰童無畏心の教えをぜひとも味わってほしいものです。

天上界にいることとは、悪いことではありません。しかし、リゾート地で遊んでいるとき、そこで働いている人たちを見下してしまったことはありませんか。誰かのおかげで休息を楽しめることに、感謝する気持ちを持ったことがあるでしょうか。

分別という言葉がありますが、嬰童とは分別のつかない子供のことでもあります。

大人になりきれない人間が増えて、日本人はみな嬰童無畏心の状態ではないか、と思うこともあります。

「**外道、発心して天の楽を願い、**
虔誠《げんじょう》に戒を持して
帰依を覓《もと》む
大覚円満者を知らず
豈《あに》梵天龍尊の非を覚らんや」

バラモンの僧たちは苦行と厳しい戒律を守ることによって来世を願ったのですが、これでは覚りにはいたらない、という意味です。

修行のために断食をしたり、穀物を断ったりということは、私も行の一環として実践しますが、それは目的ではなく、一つの過程なのです。

身心を清めるために行をいたしますが、これはあくまでも覚りに到るプロセスであります。行にこだわりますと、覚りの道に迷います。

食事を取らなければ超能力を得られるというのは、無理なダイエットと同じことです。

生命の法則にさからうのですから、身口意《しんくい》、身体と意識と魂とをそこねる結果を招くのは当然のことです。

バラモンの教えは、「因縁の中道を知らないから」間違った道に迷い込んでしまうのだ、とお大師さまは断じます。こだわってはならないことを学んで、私たちは迷いの道から抜け出すのです。

薬によって自分の寿命を延ばそうとしたり、来世の幸せを願って善行をしたりするのは、執着にすぎない。つまりは自分だけの、あるいは自分と自分の仲間だけの幸せを願う、利己的な目的を持った行いというものは、はかないものである。そうお大師さまは説くのです。

★勝徳の者を見たら心から讃え、卑賤の者に出会ったら見守れ

たとえ天上界に生まれ変わっても、善行によって得たパワーを失えば、また迷いの世界に戻ってしまう、とお大師さまは龍猛菩薩の教えをひもときながら申されます。

あどけない童が、その無垢なる心ゆえに天上界に遊んだとしても、雲の上から地上にうごめき苦しむ人間の世界を見下ろして、腫れものやカゲロウ虫を見るように忌み嫌う、そ

の心によって、覚りへの道を遠のかせてしまう、と言うのです。

自分が心地よい生活を送っているからといって、醜いものを蔑んだり、傲慢な心を持ってしまっては、囲い込んだ心地よい生活は単なる逃避でしかありません。

いじめや差別は、このような利己的な気持ちから起きるものです。

その逆も同じことで、ことさらに醜くしたり、不潔にしたり、あるいは自らを苦しめるために他人を苦しめたりすることは、生命の法則にさからうことなのです。

「勝徳の者を見ては嫉妬を懐《いだ》き、
貴賤の者を見ては驕慢の生じ、
富饒《ぶにょう》の所を聞いては希望を起す、
貧乏の類を聞いては常に厭離す」

勝者としての徳を持つ人を見れば、いたずらに嫉妬を抱く。卑しい心根を持つ者を見れば、優越感を持って奢る。富貴の人と知り合えば、何か恩恵にあずかれるのではないかと期待してしまう。その逆に貧しい人に出会うと、近寄らないように避けて離れる。

そんな心になるのは「罪」なのだ、と教えているのです。

これは、高野山中興の祖とされる興教大師がつくられた『密厳院発露懺悔の文』の一節で、上人が四十歳の時、高野山密厳院のご自坊に籠られて、千日無言の行に入られたときに書かれたと伝えられるものです。

私たちが日々、犯している罪の数々を列記しながら、他人が犯したそれらをも、上人は代わって懺悔滅罪しようと誓ったのです。

勝徳の者を見たら心から讃え、卑賤の者に出会ったら、心が健全に戻れるよう見守る。富饒にも、貧乏にも、変わらぬ姿勢で臨む人間になれれば、仏さまはきっと幸せな未来に導いてくださるのだ。この「懺悔文」はそのことを教えています。

現代の日本に欠けているのは、このようなゆとりのある心だと、私は痛感しています。他者の状態に振り回される不安定な心では、どんなことも成し遂げることはできないのです。

★この身のままで宇宙と一体になる

私はこの懺悔文を読むたびに、「徳」ということに思いをめぐらせるのです。

優越感によって自分を満足させるような精神を持つようでは、仏さまの世界には決して行くことができない、とお大師さまは教えられます。とかく勝者になれば、どこか自分の力を頼むようになります。そして、その勝者に接する人は、おもねるか嫉妬するか、なかなか素直な賞賛の気持ちを抱くことは難しいものであります。

自分では気づかない「幸せの罪」とでも申しましょうか、知らず知らず、他人を傷つけていることがあります。

豊かな暮らしをして、仲の良い家族に恵まれている人が、実はそれが長い前世の苦労のお陰にあったことも知らず、どれほど果報であるのか気づかずに、安穏と自分たちだけの幸福を思って暮らしてしまう。

あるいは前世の徳だけではない、現在の生活そのものが多くの人たちの働きによって、互いに支え合って成り立っていることに気づかないことが、実は来世の苦労の因縁を作っていることに気づかないのです。

こうして、平和な社会に暮らすことができることが、どれほど恵まれているのか。日本人はもっと理解するべきだと思います。

私は、お釈迦さまのお話の中で、苦行を捨てて、川辺に出てこられたときの話がとても好きです。

「私ほど苦行した者はいないだろう」

お釈迦さまは後に弟子にそう語るほどの苦行を重ねられましたが、覚りには到りません。ついに、これはどうも違うと決断して、人里に出てこられたのです。つまり、苦行のルールを破ったのです。

しかし、お釈迦さまは信念を持って、新しい道を歩き始められました。最初に、川に入って沐浴をします。何年も洗わなかった身体を清められたのです。さっぱりした気分になったところに、村の娘から乳粥を贈られます。

なんと美味しいことでしょう。なんと気持ちの良いことでしょう。お釈迦さまは感動し、満たされた気持ちになって菩提樹の下で瞑想に入り、ついに覚りを開かれたのです。

いたずらに身体を痛めつけても、真理を得ることはできません。苦行に「こだわって」いたことが、覚りの妨げになっていた、とお釈迦さまは理解されました。

この身のままで宇宙と一体に成る。それが覚りだ、とお釈迦さまは思われました。

しかし、迷っている人間たちは、いつまでたっても身を清めない姿のままで、幸せを求めているのです。毒に侵されたことも気づかず、どれほど苦行を続けても、本当の覚りには近づけないのです。

「狂毒、自ら解けず」

毒に侵された身を治療できるのは名医だけ。仏とは、人間が知らず知らず身に浸透させてしまった毒を解く名医であり、宝珠を磨く職人でもあるのだ。

お大師さまは、この「嬰童無畏心」の教えの中で教えられます。

しかし、嬰童無畏心が悪いばかりではありません。天上界の心地よさを知った子供は、また天上界を目指します。清潔な暮らしを知ったら、二度と汚濁にまみれた暮らしに戻りたいと思わないのと同じことです。リゾートで解放された気持ちを、そのまま持って生きたいと願えば、道はそこから開けます。

★自然はあるがままを受け入れて浸るものだ

お大師さまは、自然が好きでした。自然の中に暮らす心をうたう詩がいくつかあります。少し難しい言葉なので、現代の言葉に私が直してみました。

山は険しくそびえている
水は澄み渡っている
珍しい花が美しく咲き誇り
見慣れぬ鳥が高らかに鳴いている
地の響き、天の音響
それは楽器の筑のよう、箏のようである
すぐれた人がそこにひたると
音楽が呼応して鳴り渡る
ぐるりと周囲を見渡せば憂いは消え
もろもろの悩みは自ずとなくなる
（この雄大な霊気は）俗界に比べるものはなく
天上にも匹敵するものはない
（中略）
あぁ、同志よ

――どうしてゆったりと遊ばないのか

これは、『性霊集』に収められた詩の一節です。

感性の未熟な者が、偉大な自然の中に浸っても、気持ちがいいとしか感じられないけれど、心を磨いた人が自然を訪れると、天地の響きが音楽のようにこだまして迎えてくれる、とお大師さまはうたっておられるのです。

明治維新の英雄西郷隆盛を、勝海舟が評して言いました。

「大きく打てば、大きく響き、小さく打てば、小さく響く」

あるがままの気持ちで生きた西郷さんは、まさに自然と一体になることができる人物だったのです。

★初心が覚りへの始まり

子供は無垢で純真ではありますが、甘えがあります。嬰童無畏心《ようどうむいしん》とは、母親の乳を飲んでいるような、おそれのないイメージです。

嬰童のように清らかな心を素直に喜べるとき、初めて自分の内なる仏性と出会うのです。

お大師さまは、「嬰童とは初心ということ、無畏とは煩悩の束縛を脱すること」だ、と教えて下さいます。

それは、こだわりのない心です。ビギナーズ・ラックという言葉があります。欲を出さずに打ち込んだ初心者が、思わぬ成功を収めることです。

失敗を恐れていないから伸び伸びと行動できて、それが成功に結びつきます。しかし、本当の成功ではありません。そこが本当の出発点になるのです。

お釈迦さまが乳粥に感動した初心が、覚りへの始まりとなりました。私たちがこうして生命の真実を知るために精進できるのも、このお釈迦さまの「初心」があったからなのです。

初心は忘れてはなりません。一つは、過信しないために、もう一つは初めての感動を胸に植え付けるために。

そして、「安堵の心」を知るために。

布施という修行の中で、究極の布施は何かといえば、「無畏施」です。畏れのないことを施すことです。

現代の不安はキリがありません。しかし、その不安に押しつぶされるわけにはいきません。そんな不安を抱いた人に、どうしたら安心してもらえるのだろうか、と私はいつも祈りに力を込めます。

親は子を安心させてください。家族は互いに安心しあいましょう。友人も恋人も、隣人も職場の人たちも、みなみな安心できる心のネットワークをつくってほしい、と私は思っています。

嬰童無畏心について、お大師さまは『十住心論』では次のようなことを説いておられます。

「嬰童は初心に拠りて名を得、無畏は脱縛に約して称を樹《た》つ」

初心こそ、私たちを前に押し出す原動力です。新鮮な気持ちこそが、不安を押しのけて挑戦する力となります。

そして、その勇気が、煩悩に縛られてすくんでいる足元を自由にしてくれるのです。

あなたは、「初心」を覚えていますか。恐れと緊張感で、思いもよらない失敗をしたり、思いがけない成功をおさめたりします。でも、どんな「初心」でも、案外スムーズにいくものですね。

誰にとっても「最初は初めて」です。

その「初めて」の瞬間がなければ、ものごとは前に進みません。嬰童無畏心の教えは、その「初めて」を、どのように次のステップに結びつけたらいいのかを教えているのです。

★徳を積むことは罪を慎むこと

『十住心論』では、このようにも説いています。

「罪福、慎まずんばあるべからず」

罪になるようなことは慎むのは当然ですが、「福」もまた慎むことだというのは、どういうことなのでしょうか。

「福」が全てにいきわたっているか、どうか。そのことに思いが至るまでは、慎みなさいということだと、私は理解しています。

人生は貯金通帳を持ってこの世に生まれてきたようなものと言います。プラスの貯金をさらに殖やす人、大金が積んであったのにマイナスになってこの世を去る人、背負ってき

た借金のヤマを、この世で返してしまう徳を積む人、さまざまです。

徳を積んで天上界に生まれても、その「貯金」を使い果たしてしまえば、来世はまた苦界でやり直しです。徳を積むことは、罪を慎むことでもあります。

また、「私は福徳を、こんなに一生懸命やっているから、正しい道を歩んでいる」という気持ちを戒めてもいるのです。

「私は正しい」と他人を裁くとき、論が正しくとも、裁く心が間違っていることがあるものです。そうしたこだわりを捨てて、素直な初心で日々を送りなさいと教えます。

行は、まさに煩悩欲望との闘いです。好きなものを食べたい、眠りたい、楽をしたいなど、自分の煩悩欲望との闘いが行なのです。ようやく一つの行を終えたときの達成感を「初心」として、次に進むように。それが、嬰童無畏心の教えです。

苦しい受験勉強の結果、ようやく東大に合格しました。これで終わりではありません。実はそれからが本当の学問研究人生の始まりです。しかし、東大に入ったことばかりにこだわっていては、学問研究もできずに、せっかくの東大合格を生かせません。

★一人ひとりの心に真実の世界を

天上界に生まれたら、英気を養って、次のステップに進む心身を磨くことです。仏さまの教えに触れていれば、この天上界は一時の「リゾート」であり、「幻夢陽焔《げんむようえん》」、夢幻のカゲロウのようにはかないものだと知るのです。

仏さまを信じない「外道」は、その幻に酔いしれ、むさぼって、せっかくの「休暇」を生かすことができない。お大師さまは、そう教えておられるのです。

世界中を見渡せば、飢餓と戦火と暴力とが子供たちの生命を脅かしています。日本の子供たちは、まだそうした危険な環境ではなく生活できているはずです。

ところが、大人たちが、この「天上界」を時に「地獄」と化してしまっています。かりそめの「天上界」ではない、真実の楽園をこの世に実現するには、一人ひとりの心に真実の世界をつくっていかねばならないのだ、と私は実感しているこの頃です。

日本がいま「天上界」にあるとしたら、この恩恵をどうやって、分かち合うようにできるのか。あふれるモノや情報に惑わされず、生命の輝きを見つけるには、どうしたらいいのかと、私は今「初心」に立ち返って、日本の社会を観ようとしています。

一人ひとりがそれぞれに、道を見つける努力をしてほしい、道を選べる眼を養って欲しい、と私はこの『秘蔵宝鑰』を再びひもといているのです。

介護と育児が、いま最も重用視されています。どちらも日本の未来を明るくするためのテーマです。

介護に疲れた家族がいたら、笑顔で癒しましょう。育児に疲れた親がいたら、そっと手を握っていたわりましょう。

明るい心が伝わるように願って、疲れた人の心を支えましょう。独りだけで天上界に遊ぶのではなく、周囲の人たちも共にリフレッシュできるように、心を配りましょう。

心を明るく元気にするために「天上界」はあるのです。

「当たり前の日本」に、感謝して生きましょう。天上界とも言うべき現在の幸せは、はかなくもろいものです。だからこそ、天上界の安らぎをそっと守り育てていけば、きっと仏さまに出会うことができ、本当の世界に導かれることでしょう。

「初心忘るべからず」の教えがここにあります。

第四唯蘊無我心《ゆいうんむがしん》

無我を知る

★ニセモノはニセモノでしかない

平成の現代は、「偽」という言葉が世に飛び交い、人々を疑心暗鬼に陥らせています。形があっても、本当のものではない。形だけ似せているもので人々を惑わせる仕掛けが大掛かりになって、目に余ります。

お大師さまは『秘蔵宝鑰』第四の唯蘊無我心《ゆいうんむがしん》をこのように書き出しておられます。

「もしそれ、鉛刀、終《つい》に鏌耶《ばくや》が績《わざ》なし、泥蛇《でいち》、あに、応龍《ようりゅう》の能あらんや。燕石《えんじゃく》、珠に濫し、

璞鼠《はくそ》、名渉《わた》る。

名実相濫すること由来尚《ひさ》し」

そもそも、鉛の刀には名刀のはたらきはない。土で作った龍に、どうして天を飛ぶ龍の能力があろうか。

贋の玉と本物の玉とを混同したり、「璞《はく》」という文字が当てはめられているからと言って、鉱石と日干しの鼠とを一緒にしている。名前と中身とを混同していることは、今に始まったことではない。

お大師さまが、ニセモノはニセモノでしかない、と断じておられるのは、修行と本当の覚りについての教えです。

この世の生命の形は千差万別、一つとして同じものはありません。その中で、外見の良いもの、悪いものがあるのは致し方のないことかもしれませんが、それだけで中身まで判断してよいものでしょうか。私たちは、いまこそ、お大師さまの「ニセモノとは何か」という教えを学びたいものです。

★厳しい行も、その根底に慈悲の心がなければ苦しみの因縁になる

お釈迦さまが覚りを開き、仏陀として教えを始めた頃、インドには大きく分けて二つの宗教者の群れがありました。

一つは、伝統派ともいえるバラモン、つまりは古い宗教を信奉していた人々です。バラモンは、インドの階級社会でもっとも高貴な階層に位置づけられ、儀礼を重んじる宗教を守っていたのです。

もう一つは、そうした伝統にとらわれず、厳しい修行、苦行を通して生命の真理に迫ろうとし、不死や超能力を会得しようとする人たちでした。

お釈迦さまは、この新興宗教者群に身を投じて、誰にも勝る苦行を重ねた結果、これから離れて覚りを開かれたのでした。

お釈迦さまは、伝統的なバラモンの儀礼を排しながら、苦行による極端な宿命論や懐疑論や感覚論などをも「外道」として否定されたのです。

中道こそ、仏さまが説く生命の真理だと、お釈迦さまは教えを広めていかれました。

お大師さまは「唯蘊無我心《ゆいうんむがしん》」で、この「外道」が説く「真理」は仏教と混同しやすいが、

似て非なるものだとして、鉛の刀や土で作った龍にたとえて教えられたのです。

生命の源にたどり着きたいという願いをもって行なう苦行では、真の心の安らぎに到ることはできない。厳しい行も、その根底に慈悲の心がなければ、どれほどの超能力を持ったとて、これはかえって苦しみの因縁になる

そうお大師さまはこの巻で教えておられるのです。

行の精進を怠っては、仏さまの道を進むことはできません。しかし、行は覚りの目的ではありません。行を、仏さまの教えそのものだと間違えてしまう人たちがいますが、そうではありません。

行者である私が、常に行を命懸けで真摯に行うと同時に、行にこだわってはいけないと心しているのは、まさにお大師さまの教えが根底にあるからなのです。

★教えを聞いて覚りを知るのは、小さな羊車に乗っているようなもの

『秘蔵宝鑰』も『十住心論』も、第三まではアマチュアと申しましょうか、在家の心のあ

りようを説いています。

この第四「唯蘊無我心《ゆいうんむがしん》」に到って、初めて出家の道を説くのです。幼稚園から小学校、中学を卒業するまでは義務教育の期間です。それから高校、大学へと進むとき、若者はようやく自分の進路を考えます。漠然としている人もいます。明快に決めて邁進する人もいます。社会人への方向性を考えながら学ぶのです。この「唯蘊無我心」は、ちょうど高校に入った頃の状態でしょう。

ここで説くのは、「声聞《しょうもん》」と言われる教えです。声聞とは、仏さまの尊い教えを聞いて覚る者のことです。まだ、実体験の乏しいままに、教えを聞いて理解するのです。聞いて覚った者は、聖者の位を得ることができたとしても、実はまだ道の半ばに在る者とされます。

この「声聞乗」は、第五の「縁覚の教え」と合わせて「小乗の教え」と言います。

小乗とは、小さな乗り物というのがもともとの意味になります。自分だけの修行によって独り覚りを得る、それが小乗です。「羊車」と表現されています。羊が牽く車ですから一人乗りの小さなものです。道端を疲れてトボトボと歩く人たちを、乗せて行くことはできません。

教えを聞いて覚りを知るのは、これに乗っているようなもの。自分ひとりのための小さな羊車に乗っているようなものだ

というのです。

人を助け、我も救われる

本来はそうあるべきです。

大きな乗り物に共に乗り合って、仏さまの世界へたどり着こうではないか

という、大きな目標を掲げられるか、どうか。そこがポイントなのです。道端で、力つきて坐り込んでいる人がいれば、これを助けて乗せて行こうとする慈悲の心がなければ、仏さまの道を進むことは難しいのです。この大きな乗り物のお話は、まだ先の巻になります。

「唯蘊無我心」は、まずは乗り物を作ろうという教えですが、気をつけなければいけないのは、形が似ているニセの乗り物ではダメだ、ということです。

★厳しい修行とは自我を消滅させること

聖者に到る声聞の教えは、三十七の修行の段階を実践して、覚りに到る助けとしています。

ここでいう厳しい修行、戒律を守る生き方は、突き詰めれば自我の消滅です。

「非を防ぐにはすなはち二百五十、
善を修すればすなはち四念八背なり」

悪を防ぐためには二百五十戒を守り、善を行うために四念住と八解脱とをなす、という意味です。

聖者となるためには、素質のすぐれたものは三生、つまり三回生まれ変わり、素質の劣った者は六十劫という無限とも思える長い時を修行しなければならないというのが、この段階で知る修行だというのです。

髪を剃り、衣を身にまとって鉄鉢と錫杖を持って、虫を殺さぬようにおもむろに歩き、坐るときは、姿勢を正して「数息観」を行います。美しい女性の容姿を見たときには屍を連想し、粗食に甘んじて木陰で雨露をしのぎます。

こうして心身を清めて瞑想に入りますと、生きとし生けるものがこの世に存在している形とは、実は仮の姿であり陽炎のような幻なのだと知ります。

この世で、たとえば人間の形をしている、虫の形をしている、動物の、植物の形をしている、その形にとらわれて生命の本質を見誤ることのないところから生じる智慧によって、煩悩が作り出す来世への執着を断つことができます。

それが不浄観です。「不浄観」とは屍体の観察です。どれほど美しく輝いて見えた美人でも、死んだ肉体は硬直し、むくみ、蛆がわくにまかせ、やがて白骨化していきます。

お釈迦さまが出家する動機となったのは、富に栄えようとも、現世の幸せを追求していても、人間は必ず病み老いて死んでしまう、ということに気づいたからだと言われます。美しい女性とて、生身の人間であれば、食べて、排泄しなければ生きていかれません。あるがままを受け入れる大切さをまず教えます。

★一呼吸の一瞬が寿命

「数息観」というのは、呼吸法です。呼吸を整えることを数息と言います。呼吸しながら心を散らさない随意、そして心の働きをなくして、その心でものをよく観察し、さらに心を転回して反省すれば、妄想が起きないから清らかな状態になる、というわけです。

数息観は、私もいつも行っております。人間は呼吸をして生きております。吐いて吸う、この繰り返しが生きるということなのです。

お釈迦さまは、この一呼吸の一瞬が寿命だと教えられました。呼吸するたびに、人は生死を繰り返しているのです。

「阿吽《あうん》の呼吸」と言います。神社の狛犬のように口を開いているのと閉じている状態ですが、「あ」で始まり「うん」で終わるのは、お大師さまがつくったアイウエオです。規則正しく並んでいるような五十音には、じつは森羅万象のすべてが込められているのです。

呼吸が乱れれば、脳への酸素の補給がスムーズにいきません。正しく呼吸をすれば、身体と宇宙とのリズムが響き合って、脳の回路が活発に働きます。

お大師さまが神秘体験をされた求聞持法は、抜群の記憶を得るとされる秘法です。おそらく、右脳のはたらきが関係しているのではないかとイメージしています。

こうして得た覚りの世界では、神通力、つまりは超能力を得て、徳も高くなります。この段階をおろそかに考えてはなりません。こうした修行が、生命とは何かを知る第一歩になります。

一呼吸が寿命であるなら、人生のなんとはかないことでしょうか。時間とは、人間が認識して生まれるものですから、呼吸を続けることが時間なのだということができます。

★はかなさを知らなければ生命の本質を知ることはできない

人は全て死にます。死ねば、腐り、やがては白骨となって土に還ります。どれほどの権力があろうと、富があろうと、美貌であろうと、この世の形はみな消えます。本当にはかない泡や露のように幻の存在です。

しかし、そのはかなさを知らなければ、生命の本質を知ることはできません。

お大師さまは説かれます。

「生空三昧《しょうくうざんまい》に神我の幻陽を知り、
無生尽智に煩悩の後有《ごう》を断ず。
その通はすなはち日月を虧蔽《きへい》し、
天地を顛覆《てんぷく》す。
目には三世に徹し身には十八を現ず。
石壁無碍《むげ》にして、虚空によく飛ぶ」

人間の存在は空虚であるとする精神統一に入って、私たちがわかっていると考えていた実体としての自我は、じつは幻や陽炎のようなものだと知って無限の智慧を得るので、煩悩によって起きる来世の生（輪廻）、これを断つことができる。

その超自然的能力は太陽や月を隠し、天地をひっくり返すほどのものである。

過去・現在・未来を見通し、十八種の超自然的変化を身に現わす。石の壁も妨げなく、虚空を飛ぶことができる。

これは、数息観や不浄観などの瞑想を究めて知る「三昧」の境地です。

「その徳はすなはち輪王頂接し、
釈梵帰依し、八部供承《くじょう》四衆欽仰《きんぎょう》す」

このように、生命の本質をさとれば、徳が現れて天地の神仏はみな帰依するほどの世界を知る。

「遂にすなはち五蘊《ごうん》の泡露を厭《あ》いて
三途の塗炭を悪《にく》み、
等持の清涼《しょうりょう》を欣《ねが》って、
廓《かく》、大虚《たいこ》に同じ、
湛然として無為なり。
なんぞそれ楽なりや。
身智の灰滅《けめつ》を尚《とうと》ぶ」

泡や露のようにはかなく消えてしまう人間という存在を厭い、あらゆる迷いの世界を憎み、すがすがしい瞑想を求めて、大空のように広々としてわだかまりがなく、静まり返ってなすところがない。これ以上の安楽があるだろうか。身も心も完全に滅びるのが覚りだとする。


これが、聞いて覚るという心の段階の教えです。

少し難しくなりますが、生命を構成する要素が存在することを「唯蘊《ゆいうん》」と言い、しかし一つ一つの生命の形はじつは無いと否定するから「無我」、そしてあるものを選んで堅く持っていくから、「唯」というのだと、お大師さまは言葉の由来を語られます。

★こだわりを捨てて観れば、この世の風景はすべて幻だとわかってくる

仏教は無常を教えるものだという厭世の思想は、このような自我を消滅させるところからきています。

自我がなくて、どうして生きる意味があるのだ。宇宙だって、「私」という存在があるから、知ることができるものだし、自分がいなければ、宇宙の存在だってわからないじゃないか。それが、西洋科学の基礎になっている考え方でしょう。

そうではない、自然の中に自分を埋没させて生きることが、生命の本質にかなっているのだと思うのが、東洋的な考え方とされています。自分がいようといまいと宇宙は存在するし、地球は回っている、というわけです。

どちらも、じつは生命をどう認識するか、という表現の違いだと、私は考えます。

なぜ、そうなのかというところは、まさにお大師さまの教えを順々にひもといていくとわかってきます。

この唯蘊無我心を、私は「発想の転換」という視点で捉えればいいのではないか、と弟子たちに教えています。

私たちが、こうして集まり、話したり、聞いたり、食べたり、飲んだり、働いたりする肉体をどうとらえるか、という問題です。

私たちは、この世に肉体を持って生まれ、生きています。まことに不思議なことに、毎日、誰が命令するのか、目覚めて動いて働きます。身体の働きが停止すると、私たちの肉体は滅びます。

潜在意識には、しかしいつも死の恐怖があります。それが、仏の道を知らずに歩いている人たちのごく普通のありようです。

生命の旅の地図を開くと、肉体は永遠の存在ではない、ということが描かれています。肉体を持った生命だけが私たちの生命ではない、それはかりそめの姿であることをまずは知りましょう、という教えです。

まずは固定観念を取り払って、新しい道へ進むと風景が変わります。これまで深い谷だと思っていたものが、案外楽に降りていけそうだと知ります。降りてみれば、底に流れる谷川の水に険しい山道を歩いた疲れが癒されて、元気を取り戻すことができます。あるいは、近くに見えた峰なのに、行けども行けども深い森が続いて道に迷ってしまうところで、森のけもの道を見つけることができるのです。

生命の旅の風景を正確に観るために、捨て去る意識とは「我執」です。こだわりを捨てて観てごらんなさい、「この世の風景」は、すべて幻だとわかってくるよ、とお大師さまは説かれるのです。

最近は、バーチャル・リアリティという言葉があり、立体的な映像も造られるようになったので、幻と現実の違いも多少はわかりやすいと思います。

いや、かえって「実在」と「幻」との感じ方がはっきりして、こんなに実体があるのにどうして幻なんだ、それでは犯罪を犯してもリセットできると思っている最近の子供たちと同じになってしまうのではないか、と感じる方もおられましょう。

触れる感触、匂いなど、私たちは日々あらゆる感覚によって物の存在を確かめながら生きていますから、そうした存在がすべて幻だと言われても、なかなか実感としてわかりません。

この「唯蘊無我心」の境地は、生命の実体が幻だと知ることから理解できる境地です。

★幻の「この世」はしっかり生きなければならない

ここから出家としての道が始まりますが、お大師さまが説かれる出家の道は、在家として生きる人たちにとっても仏さまへの道であり、安心を得て暮らす幸せへの道となると、私は信じています。

行を重ねれば、通常を超える能力が授かる不思議さは、生命が「この世」のものだけではないことを教えてくれます。そしてまた、この世には目に見えない「霊」が存在することもわかるのです。

見えない世界と見える世界とを、同じイメージで心に描けるのが、生命を幻と知った一つの現われでしょう。

幻だから、瞑想の世界に浸っていいのかといえば、これは違います。私たちは「この世」をしっかり生きるのだ、というのがお大師さまの教えなのです。

ハリー・ポッターの物語が、世界的なベストセラーになっています。そこに「鏡の間」のお話があります。

生まれて間もなく両親を失ったハリーは、魔法の学校の寄宿舎に入って自分の生い立ちを知ります。そしてある日、この鏡の間に入ると、不思議なことに、大きな鏡に両親に肩を抱かれて立つ自分の姿を見ました。

ハリーは、生まれて初めてのことで、嬉しくてたまりません。それまでずっと感じてきた寂しさも癒されます。この鏡は不思議なもので、人々の願望を叶えて見せます。成績優秀になりたい者はそのように、権力を得たい者はそうなっている姿を写し出します。

ハリーは鏡の虜になりました。毎日、毎日、この部屋でじっと過ごすようになりました。両親と一緒にいる自分の姿を見て、時間を過ごしたのです。

何日か経って、ハリーの傍らに校長先生が立って言いました。

「この部屋は、もう閉じることにする」

驚くハリーに、校長先生は言いました。

「この部屋に居続けて、生命を落としてしまった学生が何人もいるのだ」と。

願望を鏡で見るのと、自分で体験するのとは、まったく違います。夢をみることに浸って、いつの間にか何もできない、生きる力を失ってしまうことを表しています。

★もっともシンプルな日常から学ぶことがこの世に生まれた使命

夢を見ているだけで何もしなければ、生命までも夢に食べられてしまいます。しかし、夢に向かって生命をフル回転させれば、夢は実現するのです。

独り苦行している僧たちは、鏡の間にいるのと変わりなく、生命を自分で食べてしまっているのだと、私はお大師さまの教えを受け止めました。

それは、覚りに到っているように見えるけれど、偽の覚りに過ぎないと、お大師さまは指摘されたのです。

仏さまは、なぜ、生命に身体を与えたのでしょうか。「この世」とは、身体という仮初《かりそめ》の形で、さまざまな感覚を実感する場なのではないか、と私は思うのです。

食べる、寝る、動くという、もっともシンプルな日常を通して体験する。そこから学ぶことが、この世に生まれた使命ではないのか、と思うのです。

出家して、本格的に仏さまの道に進む者は、その日常を超越する感覚から学びます。しかし、この世にある限り、食べることも寝ることも、その形は変わりますが、ついてまわります。

　超人的な生活を送るのは、苦行僧や仙人ですが、それは自分の覚りのための三昧であって、どれほど至福の感覚を味わおうと、実は仏さまの世界に到る覚りではない。お大師さまがはっきりさせておきたかったのは、このあたりです。

　修行によって覚りを得られるが、それは独りぼっちの覚りであって、広く人々と共に彼岸に行くものではありません。それは、通過する道ではあるけれど、そこに留まってしまったら、永遠に仏さまと出会うことはできない、というものでもあります。

「衆生尽き、虚空尽き」て、はじめて生命は救われる、というお大師さまの教えは、おいおい巻を進んでいくうちに、心に染み通っていくことでしょう。

　私は弟子たちに、「自我から離れよ」と、厳しく教えます。心を鍛えておけば、我から離れる不安が消えていきますが、少し心が弱くなってきますと、あれやこれやと我欲が出てきます。

　貪る心は、実は「良いこと」を求めるところにも起きます。精進することは良いのですが、その心の奥底に競争心や功名心が潜んでいてはなりません。他人への思いやりも、度が過ぎれば自分の行為の押しつけになります。「無我」になるのは、なかなか難しいものなのです。

修行とは何か。何のために我と我が身を極限に追い詰めるのか。その本質を学ぶことが修行であって、形を整えるだけでは、「外道」のようにいたずらに身体を痛めつけるだけで、この世に生まれた尊い体験を虚しくしてしまうのだと、お大師さまは説いて下さいます。

私たちが、この世に生まれてきたのは、何か意味のあることだ、と私は思っています。ゆったりした人生を送る人がいるかと思えば、生涯を忙しく送る人もいます。苦労の連続の人もあれば、運良く一生を終える人もいます。どの人生が良くて、どれが悪いと、それこそ外側から見ただけで判断するのは、間違っているのです。

生きる充実感こそ、この世でさまざまなことを体験し学んで、あの世に還る目的ではないのか。私はこのごろしきりにそう思うようになりました。

★百萬枚護摩行で、どんどん変わっていった私

行をするのは、なぜか。それは、仏さまを感じることだと、私は感じています。

百萬枚護摩行を始めるとき、さすがに「これは大変なことになったぞ」と、おののきました。それまで、八千枚護摩行を重ね、毎日二千〜三千枚の添え護摩、これは全国の信者

さんから送られてくる祈願札ですが、これを焚いていますから、護摩行は私にとっては空気を吸って吐くのと同様に、ごく自然なことでした。

しかし、前人未踏の百萬枚護摩行となると、果たして成満できるかどうか、不安がなかったわけではありません。

今にして思えば、あの三カ月は、私の成長のときでした。もしも、「オレはすごいことをしている」と考え続けたら、私は早い段階で間違いなく挫折していたでしょう。

嘘のように時間が早く過ぎる日、逆に時計が遅々として進まない日、熱さが少しも気にならない日、灼熱に負けそうな日、いろいろな日がありました。

どのような日でも、一生懸命、一心不乱であることには変わりはないのに、仏さまは実にさまざまな試練を与えてくださいました。

そして、その試練さえも試練と思わずに、ひたすら護摩を焚き、真言を繰って成満に向かっていきました。そうして続けていくうちに、ご本尊のお不動さまによってでしょうか、私という人間が、百日の間に少しずつ変わっていきました。

日を追うごとに心が穏やかになりました。それまでは、覚悟の定まっていない弟子や、行をいい加減にした弟子に対して、私はそれこそ青筋を立てて叱りとばし、あるいはきつい皮肉を浴びせるなどしていました。

それが、「彼らなりに頑張っているのだから」と、たいていのことは許せるようになっていったのです。私はもともとよく笑いますが、きついはずの、いや確かにきつかったのですが、百萬枚護摩行の日々は、どんどん笑顔が多くなっていきました。

季節はちょうど春から初夏にかけての三カ月です。境内に繁る樟《くすのき》の若葉が美しい頃です。これを見かけると、思わず「溌剌としていてみごとだねぇ」と木に声をかけ、笑いかけていました。卯の花なら「可憐に咲いているね」と微笑み、桜島を見たら、「いつも見守ってくれてありがとう」と、また笑顔になります。

私の、短気・せっかちの「塊」が少しずつ、少しずつ融けてなくなっていったのでしょう。何に対しても、まろやかな心で接することができるようになりました。

身の周りにある、何ということもない日常の道具からクルマや自転車にまで、「よく頑張ってくれているね」と声をかけたくなるほど、いとおしくなりました。

人に対しては、言うまでもありません。自然に温かい笑顔で接するだけでなく、苦しみながら、この人はただ私一人を信じてやってきたのかと、感謝の気持ちが起きました。

この変化は、気づかないうちに起きていました。

当初、私は自分の強い意志と行者としての才によって、百萬枚を成満できるはずだと考えていました。しかし、こうして変化する私が気づいたのは、それはとんでもないことで、百萬枚を成満できるのは、仏さまの導きとご縁によるものだ、と覚ったのです。その考えさえも、まだ足りないと思いました。そして次第に謙虚な心を素直に表せる私になっていったのが、とてもうれしいことでした。

そんな私ですから、「唯蘊無我心」が教えるものは、いちいち腑に落ちます。

多くの人々を救う大きな乗り物を作れるように、私はひたすら日々の精進をしていこう。そう願い、行動する毎日です。

第五抜業因種心《ばつごういんじゅしん》

原因があって生じることを覚る

★覚るということは自分だけの苦悩をなくすことではない

生命は、たった一つでは生きられない。生命はつながりがあって存在している。それを学ぶために、私たちはこの世に生まれてきたのではないか。

『秘蔵宝鑰』の第五「抜業因種心《ばつごういんじゅしん》」を読むたびに、私はそんな思いにとらわれます。

この抜業因種心とは、「縁覚《えんがく》」という修行の段階のことだと、お大師さまは説かれます。

覚りを開いて、超能力を得て澄み切った心に到ります。

「湛寂《たんじゃく》の潭《ふち》に游泳し、
無為の宮に優遊す」

煩悩を絶って、静かに落ち着いた涅槃の潭《ふち》で自由自在に泳ぎ、仕事に追われることもなく、覚りの宮殿にのどかに遊ぶ。

――

これはなんとも穏やかな境地です。望みはするけれど、誰でも近づけるわけではない境地です。

この心境に到ることができるのは、声聞《しょうもん》のように、他の者から教えを聞いて覚るのではなく、自ら修行して、苦労して覚りの境地とはこのようなことだと知った者だけです。その覚りとは、この世のことはすべて因縁によって生じている影に過ぎないということです。

そして、この世の俗を嫌って一人で山林や寒村に住み、人と交わることなく無言の精神統一をなすと、このような境地に到るのだと、お大師さまはまず語られます。

この場合、覚るといっても、師について教えを受けるわけではありません。

――

「自然《じねん》の尸羅《しら》、
授かることなくして具し、

無師の智慧、自我にして獲《う》」

師から教え授かることなく覚りの境地に達しながら、身につけた超能力で人々を救うわけでもなく、言葉を持って教化するわけでなく、ただ到達した境地に独りで浸っている。

心地よい風が流れる水辺に、優雅な家を建てて暮らす孤高の人、というイメージでしょうか。

しかし、この人たちは自分で覚ったので、ほかの生命には無関心です。

「大悲、闕《か》けてなければ、
方便、具せず。
但し自ら苦を尽くして寂滅《じゃくめつ》を証得す」

人々を慈しむ大いなる慈悲を欠いているから、救いの手立てを備えていない。ただ自分だけの苦悩をなくして、覚りを得る。

私はこの言葉にこそ、仏さまの教えのエッセンスが込められており、現代日本に広めたいものだと、胸にしっかりと刻んでいるのです。

★逆境は仏さまの智慧によって授かったもの

お大師さまは、ここで「解脱《げだつ》」という言葉で「覚り」を語られます。この静寂な安穏は、仏教を信じる者だけが到達できるものだが、しかし、この「解脱」には大きな問題がある、と言うのです。

煩悩が多ければ多いほど、覚りの機縁も多くなります。煩悩があるから覚りへの扉が開くのです。

煩悩に苦しんで、人間は救いを求めます。どうしたら楽になるのだろうか。苦しんでのたうちまわって、やっと仏さまの教えを受け入れるのです。

苦しみや痛みがひどくなければ、医者に診せない人が多いものです。「困ったときの神だのみ」という言葉があるように、人間は切羽詰まらないと、なかなか信仰心を育てることができません。

だから、お大師さまは、逆境は仏さまの智慧によって授かったものだ、と教えられるのです。煩悩が無限にあるということは、覚りへの道も無限にある、というわけです。しかし、煩悩が覚りに到る道の入り口であっても、覚ろうということにとらわれると、それがかえって煩悩のもとになってしまうと、お大師さまは忠告されるのです。タバコを喫う人が、禁煙しようと思えば思うほどタバコを止められないように、煩悩から早く逃れようと焦ったり、こだわったりすればするほど、覚りから遠ざかってしまうものです。

覚りを求めるという良いことのはずなのに、こだわってしまえば、かえって良くない結果を生んでしまいます。

煩悩を抱えて、覚ろう、覚ろうとするほどに、自分を縛ってしまう状態です。煩悩とはそのまま菩提の心なのだ、という教えでもあります。

煩悩があるから人は苦しみ、磨かれて成長します。煩悩とは、生きる力だと私は受け止めています。

生命が成長する力は、荒々しいまでに躍動します。子供たちは、泣き、笑い、走り回り、食べ、寝て、大きくなります。親たちは振り回されながら、その生命力に込められた慈悲を感じ取って、喜びに満たされるのです。それを愛というのです。

仏さまが私たちに注いでくださるのと同じような愛を、親が子に与え、子から受けているのですが、最近は、この愛を受け取れずに、子供を虐待して、死なせてしまう親のなんと多いことでしょうか。親が煩悩を拒否して、覚りに向かう道を自ら拒否してしまっているのです。愛を締め出して生きているのです。

お大師さまが「抜業因種心」で説かれたのは、いかに覚りの道を目指しても、知らず知らずの間に、心の壁を作ってしまってはダメだということです。

★慈悲の心がなければ本当の世界に行くことは永遠にできない

「ひきこもり」という言葉が、相変わらず語られています。登校拒否という言葉もありました。日本ではしばらく前から、学校に行かず、自分の部屋に閉じこもったままで暮らす青少年が増えてしまいました。

勉強したくないから、いじめられるから、教師に怒られるから、教師がうるさいからといった理由で、自分の世界に籠ってしまうのです。はじめは、嫌なことから逃れられた解放感があるかもしれませんが、すぐに閉塞感によって、その生徒の心身は蝕まれていきます。

こうした「ひきこもり」の児童が増えたということは、家庭なり学校なり、子供を育てる過程で、情理という「大慈」が欠けてしまったのではないか、と私は思うのです。

こうしたケースは病理となって現れますので、医学的な何らかの治療や解決策が成功する場合もあります。

しかし、私が心配するのは、「ひきこもり」よりむしろ、自分だけが良ければ、という自己中心的な考え方をする若い世代が増えてきていることです。

どれほど頭脳明晰であろうとも、ビジネス感覚を持って巨額の資産を築こうとも、そこに「慈悲」の心がなければ、じつは本当の仏さまの世界に行くことは永遠にできない。お大師さまは、そう教えているのです。

「抜業因種心」とは、人里離れた幽玄の世界で、業や煩悩の根株を引き抜いてしまうから、この名が付けられます。精神統一によって得られたこの静かな境地は、仏教以外の教えでは得られるものではありません。

師にもつかず、一人覚りを得ることによって安らぎの境地に到達することはできます。これは一見、正しいことのように思えますが、そうではないのだ、とお大師さまは教えて下さいます。

★生きとし生きるものは、みなつながりあっている

お釈迦さまの覚りの原点でもあります。

縁覚は「十二因縁」を観ずることによって、解脱の境地に到ることができた者です。これは、お釈迦さまが菩提樹の下で瞑想して、生命とは何かという宇宙の真理についに到ったとき、この「十二因縁」の解決が最後の鍵であったとされるものです。難しい解釈はさておき、これは「人間のあり方を説いたもの」（渡辺照宏博士）という概念を知っていただければよいかと思います。

私たちはみな生まれ、老い、病み、死ぬというサイクルで生きています。その苦しみのもとをたどれば「無明」に行き着きます。無明とは迷いですから、この迷いをなくすことによって、苦をなくすということになります。言葉だけで説明し切れない、解脱の真理です。

縁覚は、この「十二因縁」を辿って無明を取り除くことができた者です。しかし、その安寧の境地のままにいることを、お大師さまはよしとされないのです。

菩提樹の下で覚りを開いたお釈迦さまに、帝釈天はその覚りを人々に説くようにと告げ

たのです。お釈迦さまは、聞いている者たちが理解できるだろうか、そんなことができるだろうか、と思いながら説法を始められます。

生きとし生けるものは、みなつながりあっている、そしてどの生命にもそれぞれの役割があって、一人だけで存在しているのではない、という宇宙の真理を説き始められたのです。最初は、鹿や森の動物たちだけがお釈迦さまの説法を聞いていました。やがて、その教えに従うものが増えて、お釈迦さまの生涯は弟子を連れて説法する旅となったのです。

お釈迦さまが説かれたのは、現代でいえば格差社会の解消でした。生命はみな平等、等しく宇宙からいただいてこの世にやってきたものです。そしてまた、全ての生命には個性があって、それぞれの役割を果たすものであると、お釈迦さまは古代インドのカースト制度を否定しながら、人間賛歌を教えられたのでした。

その結果、お釈迦さまの説法が人々の悩む心を救います。その癒しによって、多くの人々が苦しみから解放されました。それは、お釈迦さまが「静から動へ」と行動を起こしたことによる、癒しの始まりでした。覚った者が自分だけ一人用の乗り物で彼岸に渡るのではなく、あなたも私も一緒に彼岸に渡りましょうという、大乗の教えがここにあります。

★この世に生まれてきた目的は「慈悲と智慧」とを体感するため

一人で静かな覚りの境地に到ることは、できないことではありません。因縁から離れて何もかも捨てて、一人で人里離れて暮らせば、心穏やかに暮らすことはできます。

しかし、それでは何のために生まれてきたのかわかりません。ただ安穏な境地に浸るだけの人生であれば、わざわざこの「娑婆」に生まれずとも、はじめから仏さまの世界にいればよいわけです。

私たちは大きな生命の一環として、何か目的を持って、この世に生まれてきたのです。何を学ぶためでしょう。私は、「慈悲と智慧」とを体感するためであろうと考えています。

私たちの脳は、体験を記憶して学ぶものだそうです。喜びが多ければ、それだけ脳が発達することは知られています、感動することが脳のはたらきを活性化させ、私たちの無限の能力を引き出すことにつながります。

じっと静かにしていたのでは、脳が動きません。魂を磨くということは、どうやら脳のはたらきと関係しているのだろうと、私は感じています。意識の問題だからです。深層心理をきれいにするためには、自ら心身をよく動かして脳のさまざまな部分を活性化させねばならないと思います。

心身と脳のはたらきの調和のとれた状態こそが、私たちの深層心理の目覚めに通じるのです。

お大師さまは、説かれます。

「二乗の人は人執を破《は》すといへども、猶《なほ》し法執あり。但《ただ》し、意識を浄《きよ》めてその他を知らず」

「二乗」とは、声聞と縁覚の段階にある人のことです。

その人たちはこの世は仮のものであり、私たちが肉体を持って生きているのは、じつは幻に過ぎないことを知っているけれど、まだ覚りとしては足りない、というのです。

★「無関心の境地」は「菩薩の死」であり、本当の恐怖

「第六意識を清らかにして、その第七、第八の識があることを知らない」

声聞縁覚の状態のままでいたら、第七、第八の識があることを知ることができない。

お大師さまは指摘されます。

――**「声聞縁覚は智慧狭劣なり。また楽《ねが》うべからず」**

声聞縁覚の智慧は狭く劣っているから、求めてはならない。

と結び、さらに手厳しい論を加えておられます。声聞縁覚の段階にとどまることが、仏さまへの道が閉ざされてしまうことにつながる、と言うのです。

――**「これを菩薩の死と名づく**
すなはち一切の利を失う」

地獄に墜ちることは、菩薩道が閉ざされるような恐怖を感じることではありません。地獄に墜ちたとしても、結局は仏さまの世界に到ることができるのです。地獄の苦しみには、抜け出す道の出口があります。

しかし、この声聞縁覚の「無関心の境地」は、そこから先に進むことはありません。菩薩道にある者にとっては、時間の止まったような動かない状態こそ、まさに「菩薩の死」

であり、本当の恐怖なのだというのです。

生命は「流れる光」だ、と私は感じています。宇宙を循環して流れている光のひとしずくが、肉体という器に掬い上げられて、この世で生きているのです。

前へ、前へと進むのが、この世の生命のありようですから、出口のない洞窟のようなところにとどまるような状態は、永遠に仏さまの待つ故郷に帰還することができなくなってしまうのです。

「ぬるま湯のような環境」という表現があります。苦労もなく、感動もない暮らしを言いますが、どうでしょう。こんな人生を送りたいと思いますか。

苦労した直後なら、もう二度と同じ体験はしたくないと思いますが、平穏な生活を送っていると、なんだかつまらなくなって、刺激を求めるようになります。

その平穏な暮らしから新たな挑戦をするとき、世の人たちのために活動するのか、自分だけの利を求めていくのかでは、その後の人生がまったく変わってしまいます。

★生命のパワーを交換させることが愛

私は最近の若者が、どこか感情に乏しいと言われることが気になっています。人と交流しないで暮らそうと思えば、それができるのが、現代日本の社会です。面倒なことは避ける。自分だけの狭い世界にいようとする。だから、何かトラブルが起きると、かえってキレやすくなってしまうのではないでしょうか。

人との交流を断って暮らそうとする無関心が、人間の精神を蝕む大敵なのです。なぜ、無関心になってしまうのでしょう。恐れが人の心を縛るのです。勇気を持って人生に挑戦する。それが本来の健康な生命のありようです。意気地なしになってしまったのは、人と人とのコミュニケーションが薄れているからに他なりません。

生命のパワーを交換させることが「愛」だと、私は思っています。行者が加持によって苦しむ人たちに仏さまのパワーを注ぎ込むことは、生命のコミュニケーションであり、仏さまの愛を注ぐことです。その温かさによって、しぼんでいた気力が蘇り、生きる力がわいてくるのです。

人間には生理的欲求とともに、関係欲求という働きがあります。それは「愛」のことと言っていい。これは脳を研究している学者の言葉です。

赤ちゃんが泣くのは、お腹が空いた、オムツが汚れた、という生理的欲求だけではなくて、お母さんの愛情を確かめたいという欲求でもあります。

泣けばミルクは与えられます。しかし、抱いたりあやしたりしてもらえないと、脳のはたらきが悪く、発育もしないことは、現代の脳科学で解明されています。そうなると、免疫力も落ちて、感染症を引き起こしたり、病弱な子供になってしまうのだそうです。

★宇宙には自分だけしかいないという「驕り」がないか

生きることとは、日々挑戦して新しく生まれ変わることとです。その結果、道を間違って、地獄に墜ちるような苦しみを味わうことになっても、救いの道はあるのです。

道を誤るときは、「無明」つまりは暗闇に迷い込んで、正しい方向を見失うときです。迷い込んだら、仏さまが我が内におられることを思い出して、一心に祈ることです。きっと、チャンスを与えてくださいます。

しかし、道のりが遠いからと言って、道端に自分だけの居場所を確保して安住していては、目的地に着くことはできません。

縁覚の心には、逃避というだけでなく、どこかに「驕り」があるように感じます。研ぎ澄ませた「覚り」の底に「自我」が残っていることを、お大師さまは教えて下さっているのではないか、と思っているのです。

自分で覚りにいたる方法を見つけて到った心は、他との関係も思い巡らすこともなく、宇宙には自分だけしかいないと思い込んでいるのです。その思い込みが「驕り」につながります。

私たちは、一人で生まれてきたのではありません。親がいて、そのまた親がいて、ずっと昔にさかのぼるご先祖がいて、こんにちの私たちがいます。連綿とつながっている縦の「時」をつなぐ絆です。

私たちは一人で生きているわけではありません。社会の中で誰かに助けられ、誰かを助けながら、有形無形の今という「絆」を結び合っているのです。

その真実の姿を考えずに、この世の生命がじつは幻影だとして、現実の生活から遠ざかってしまうところに、この「縁覚」の落とし穴があるのです。

現代日本の人たちが、どうして無関心の状態に陥ったり、引きこもったりしてしまうのか、この辺りに一つの答えがあるように思います。

★五感障害におちいっている現代人

「現実感の喪失」が進んでいると言えますが、その裏には現代人の「五感障害」という問題がひそんでいる、と私は考えています。

どうせ幻影「だから」と、現実を逃避して生きるのか。あるいは、幻影「だけれど」精一杯生きるのか。それによって生きる意味は大きく変わります。

幻影であっても、形あるこの世に形をもって生まれてきた意味を考えると、この形ある生命を生かし切って生きることこそ、この世に生まれてきた理由なのだ、と私は思っているのです。

私たちには、「感覚」が備わっています。しかし、あまりに刺激が強すぎる現代では、人々は視覚・聴覚・嗅覚・味覚がマヒしていると言われます。

私たち日本人はいまや、生まれたときから、テレビの画面に子守され、テレビで疑似体験をして育ちます。きれいな花を見ても大自然の美しさに感動しても、これは所詮映し取られた風景でしかありません。

私たちがテレビとともに生きている、この臭いもないバーチャルな世界は、とても幻影の中で生きているとは思えないリアリティにあふれた世界です。しかし、肝心のことは、何も見えません。何も聞こえません。何も触れません。何も感じられなくなっているのです。

触覚はどうでしょう。土を掴んだことはありますか。手で何かを握る、掴む、そっと触れる。強く、弱く、手は感覚のセンサーでありますが、モノをしっかり握れない子供が増えているということです。スキンシップが欠けているせいでしょうか。

抱きしめれば、不安は消えてしまうのに、どのように我が子への愛情を示したらいいかわからない親がたくさんいるのです。

味覚。子供の頃から、刺激の強い食べ物を食べてしまうので、素材の味、新鮮なものの味を知らずに育ってしまう子の、何と多いことでしょうか。

現代の日本人には、もっと五感を磨いて、その力を高めることが求められています。他者とのコミュニケーションを深めることによって、その感覚は磨かれ大きくなっていきます。

★自分だけの安穏を求めてはいけない。感動を行動に移しなさい

これは『三教指帰』で、お大師さまが説かれた言葉です。

「文の起こり必ず由《ゆえ》あり、
天朗らかなるときは即ち象を垂る
人感ずるときは即ち筆《ふんで》を含む」

文章が書かれるときは、必ず理由がある。この天空だって、善きことがあるときは晴朗として晴れ渡り、天変地異が起こるときは暗黒となる。同じように、人は感動したとき、初めて筆をとり文章を書く。

感動が、私たちを突き動かします。心にしまっておいたものを表現し、他人に伝えようとするのです。それは、天然自然の法則と言ってもいいことです。

感動は、磨かれた五感が、森羅万象をとらえて、心に大きな波を呼び起こすのです。その波が大きいほど、私たちの心は揺さぶられます。海底に眠っていた感覚が目覚め、埋もれていた智慧の扉が放たれます。

大きく揺れながら、生命は成長していくのですが、その波の大きさにひるんではなりません。

誰にも煩わされないからといって、静かに海底に眠っていたのでは、未来永劫にわたって、日の当たる天空に飛び立つことはできないのです。

仏教の経典は、お釈迦さまの教えに感動した弟子たちが、その教えを継承するために書き残したところから生まれました。初めに経典ありき、ではないのです。教えによって知った我が身の幸せを、一人でも多くの人と分かち合いたい、より多くの人々が苦しみの川を越えて、安心の世界にたどり着いて欲しい、という願いが、仏さまの言葉を伝える経典となったのです。

私たちは、いまこうして、お大師さまの筆によって、苦しいときの救いを得ることができます。

それは古来、数多くの求道者が困難な旅を経て、インドに赴き、あるいは中国を歩き、経典を得て、これを訳して広めてきたものが土台になっています。

お大師さまもまた、その偉大な求道者の一人です。海を越えて、教えを得て日本に帰り、こうして現代の私たちまでを救うほどの教えを遺されたのです。

お大師さまが日本にいたままで修行を続けていたら、このような歴史は生まれませんでした。

室戸岬の洞窟で明星が口に飛び込んできた、その大いなる感動によって、お大師さまは飛翔されました。

一カ所にとどまってはいけない。自分だけの安穏を求めてはいけない。感動を行動に移しなさい。お大師さまは、この「抜業因種心」の教えの奥から、そう声を響かせておられるのです。

悪いことをすれば、悪い結果が生じます。善いことをすれば、善い結果が生まれます。

そのことを忘れて、私たちは自分の置かれた環境に文句を言ったり、何かのせいにしたりしています。

そうではない。原因があって結果があるのだと理解できれば、次の大きな飛躍に結びつくのです。

しかし、お大師さまがここで厳しく戒めておられるのは、因果を知って、苦しみを抜け出すだけではなく、楽になったら、人のために尽くしなさい、ということです。それが慈悲であり、智慧なのです。

苦しみの川を渡るには、大きな乗り物を造って、たくさんの人を乗せて渡ること。それが互いに結びあっている生命が、いっそう強く輝く力を産むことなのだと、お大師さまは言っておられるのです。

自分だけの世界にこもらず、勇気を持って広い世界に挑戦しながら生きていきましょう。すべての仏性のために。

第六他縁大乗心《たえんだいじょうしん》

利他の慈悲に至る

★いま、心の格差をどのように埋めていけばいいのか

日本人にボランティアは向かないのではないか。かつて、そんな声がありました。昭和元禄に浮かれ、平成バブルに踊る若者たちは、自分のことしか考えてないようでした。大きな変化がやってきたのは、阪神大震災のときでした。

思ってても見なかった大都会の震災は、一瞬に尊い生命を奪い、家屋が失われ、人々は生活を無くしました。そのとき、どれほどたくさんの人たちが、自分の持てる力を困っている人に提供しようと思ったことでしょうか。

災いというショックによって、眠っていた心の覆いが取り払われたのです。

他人のために利をはかることを「利他心」と言います。ボランティアが広がることによ

って、多くの現代日本人がこの心を取り戻したのです。

しかし、その一方で、とてつもないお金儲けに走る人たちも増えました。何と言っても株です。それも、想像を絶する巨額のカネがわずかな時間で儲かるそうです。

いま、日本社会は格差が広がっていると言われ、さまざまな問題を引き起こしています。弱者が生きにくい世の中になってしまった、と嘆く声がしきりです。

私は、生活の格差もさることながら、「心の格差」が広がっているように思えてなりません。

ボランティアで、尊い活動をしている人たちがたくさんいるかと思えば、「振り込め詐欺」やお年寄りを騙して老後の蓄えを奪ってしまう詐欺もますます増えています。保険金が欲しいために、親が我が子を殺してしまうなど、あさましい事件もあとをたちません。

心の格差をどのように埋めていくのか、それが急務なのだと痛感しているのです。

★「利他」とは人間とともに山川草木すべての生命を利する心

ＮＨＫテレビで、百歳以上の元気なお年寄りを特集していましたが、大分県のおばあさんにはひときわ感動しました。

戦時中に夫について満州に渡り、秋田県に引き揚げてきたのですが、大分県の山の中のある開拓地に入りました。幼い息子二人を育てながら、夫と雑木林を切り開いて農業を営んできました。息子たちは都会に出て、二十年ほど前に夫が亡くなり、それから山中の一軒家に一人で暮らしています。

一カ月に二、三日、デイケアに行って、村のお年寄りと過ごすほかは、一人で自然と暮らしているのです。

しかし、孤独感はまったくありません。

腰はほとんど直角に曲がっていますが、毎日家の隣にある畑に出て、野菜を育てています。いい笑顔で語っていました。

「肥やしをやってしつければ、育つ」

しかし、化学肥料は一切使いません。毎日手で草むしりをして、取った草を堆肥にするのです。葉っぱは笑うし、じゃがいもは喜んでいるのがわかる、とも言います。

野菜を「しつければ」という言葉がいいなぁ、と思いました。愛情を持ってしつけて育てているのですね。

お米以外は、ほとんど畑の野菜を食べて暮らしているそうです。雨が降った日は休みます。時には、裏の杉林で枯れ枝を拾ってきます。五右衛門風呂の焚きつけにするのだそうです。

畑仕事を終えたら、ゆっくりお風呂に入って、日没とともに寝る、とても幸せな日々だと語ります。その言葉通り、おばあさんの顔は輝いていました。着る物も手作りで、いまだ眼鏡もかけずに編み物をしています。セーターをほどいて靴下を編んでいる姿がありました。お金はほとんどいらないけれど、おばあさんの「幸せ」は、喜んで働き、自然を利して自然に生かされているのです。「自利」がそのまま「利他」となる、仏さまの世界がここにあります。

むしった草を穴に入れ、よく踏んで土をかけて堆肥つくりをしている姿を見ていると、そうか「利他」という言葉は人間と人間だけのことではなく、山川草木すべての生命を利する心なのだと気づかされました。

草を放り出して枯らしてしまえば、せっかく生まれてきた生命を粗末にしてしまいますが、土に還して手をかけて待てば、栄養分をたっぷり含んだ肥料となります。そして、新たな生命の害のない栄養になるのです。育った野菜は、人間にやさしい食べ物となって、また生命の循環があります。

化学肥料がすべて悪いとは言い切れませんが、効率優先の農業に陥って化学肥料で手間を省こうとすれば身体には害となります。

日本は公害を体験して、いまでは「食の安全」については、ずいぶん改善されてきました。しかし、成長著しい中国では、まだまだ農薬をたっぷりかけて栽培しているケースが多いのだと問題になってもいます。

それは、結果的に効率優先のあまり、大きなリスクを背負うことを忘れる「非効率」の結果を生んでしまいます。

★自ら投げた矢は、いつかきっと自分にかえってくる

私たちは、二十世紀になってから、効率を追い求めて、かえって事後に大変な負の遺産を残している公害という大きなリスクを背負ってしまいました。アスベストによる病気も問題になりました。

ハイリスク、ハイリターンというのは、投資だけのことではないのです。本当のリスクとは、目に見えない「信用」や「信頼」や「未来」のことだ、と私は考えています。

心の格差は、心のリスクを考えない行動から生まれます。そのリスクは目に見えないも

のだけに、計り知れない大きなものだと考えるべきでしょう。教育をなおざりにすれば、日本の未来の展望が開けません。自ら投げた矢は、いつかきっと自分にかえってくるのです。良い行いをしていれば、きっと良いことがかえってきます。良い行いは、他人のためだけではありません。自分をも利する結果となる「自利」でもあるのです。

『秘蔵宝鑰』巻六の「他縁大乗心」は、まさに利他の教えです。

「ここに大士《だいじ》の法あり。樹《た》てて他縁乗と号す」

大士というのは、道を求める菩薩のことです。

教えは、すでに独りで覚りを学ぼうとする者たちを超えて、覚った仏さまの力をどのように生かしてさらなる道を進むべきか、という段階にきているとお大師さまは説かれます。迷いにある者には、光を見つけるにはどうしたらいいかを説き、良い種が植え付けられた心は、どのように種を育てたらいいかと教えてきました。

独り突き進んで、覚ったように思い込んでいる者には、道を踏み外してはいけないと、王道に導き、そしていまその力の使い方を教えようとしているのです。

能力ある者は足りないところにこれを施すように。それが「布施」の教えです。私は常々、この教えこそ現代の日本に広めたい、と誓っているのです。

「ノーブレス・オブリッジ」と英語で言いますが、「高貴なる者が果たすべき義務と責任」と直訳しています。英国の王室をはじめ貴族たちは率先してもっとも困難なことをしなければならないというモラルの基準です。福祉事業への貢献、戦争には王室のメンバーが危険地帯へと出征するのは、今も変わりません。

★四量四摂によって他人の利益となることを行う

格差社会とは、本来は富や地位を得た者が、率先して惜しみなく、足りない者たちに分かち合うことで、成り立つのです。

日本では長い間、国家がこの「分かち合い」を調整してきたともいえましょう。金持ちから多額の税金を集めて、これを福祉予算としました。明治以来の中央集権政府のままでは規模がどんどん大きくなってしまって、さまざまな問題が出てきているのでしょう。しかし、小さな政府になると、国家がすべてを救済できない状態になります。できるだけ弱い立場の人を優先してやっていかねばなりません。

これからの国家経営は、難しいところに差しかかっていることだけは実感していますが、「三角形の底辺を大事にすれば安定する社会になる」と、口癖のように言っていた亡き母の言葉が思い出されます。

社会を支えている多くの名もなき人たちの心が豊かであれば、社会は安定した豊かなものになります。いまこそ、「心の格差」をなくすように、国民全てが心がけていきたい時期にきているのです。

富や権力の格差より、「心の格差」が広がる方がはるかにおそろしいことです。

物質に恵まれながら、心が貧しくなっている家庭のいかに多いことでしょうか。凄惨な家庭内の事件が起きるたびに、私は心の貧富が広がっていることを実感するのです。

「自執の塵を洗い、
四量四摂、
他利の行を斉《ととの》う」

──自分への執着、これは心の塵でありますから、よく洗って清め、さらに「四量四摂」によって、他人の利益となることを行いましょう、とお大師さまは説かれます。

「四量」とは、慈、悲、喜、捨の四無量心であります。
慈とは、衆生に楽を与えるもの。
悲とは、衆生の苦を取り除くもの。
喜とは、他人が楽をえるのを喜ぶもの。
捨とは、他人に対して全く平等である心。
「四摂」とは、菩薩が一切衆生を救済する、次の四つの行いであります。
財や真理を与える布施。
親愛の言葉をかける愛語。
衆生を種々に利益する利行。
衆生と同じ姿で、ともに事業をなす同事。

いかがでしょうか。この一つでも行っているとき、私たちの心は菩薩の心となっているのです。それが、「ここに大士の法あり。樹《た》てて他縁乗と号す」と、お大師さまがこの巻を書き起こされる、他縁大乗心の教えなのです。

★一切の生命に対して計らいのない愛の心をおこす

慈悲喜捨。大震災が起きましたとき、私たちは被害者の苦しみに、我がことのように胸を痛め、日本中の方が何らかの支援をしました。いまでは海外の大津波や震災に、率先して援助する日本政府の姿勢を誇りに思えるようになった人たちは多いと思います。

愛国心といい、郷土愛といい、じつはこのような「誇りに思う祖国」であれば、自然と芽生え、広がるものなのです。

同じように、家庭も互いに「四量」と「四摂」をもって接すれば、安らかで満ち足りた家庭になるのです。その幸せを、さらに広げる心が「利他」であります。

自分の肉親でなかろうと、友達でなかろうと、辛い思いをしている人すべての苦しみに思いをいたした、それがまさに「大乗」の心であります。お大師さまは巻六で教えておられます。

「法界《ほっかい》の有情を縁ずるが故に、他縁なり。
声独《しょうどく》の羊鹿《ようろく》に簡《えら》ぶが故に、大の名あり。
自他を円性に運ぶが故に、乗という。
これすなはち君子の行業《ぎょうごう》、
菩薩の用心なり。
これを北宗の大綱、蓋し、かくの如し」

この全世界の生きとし生けるものを縁《たより》とするから、「他縁」という。羊の車や鹿の車にたとえられる声聞・縁覚、これらに対するものだから「大」の名がある。自己も他者も真実性に到達させるから「乗」という。思うに、こうしたものが中国の法相宗の大綱である。

この巻は、いわば「大乗仏教の入門編」です。お大師さまはこの心のありようから、一切の生命に対して計らいのない愛の心をおこすことによって、大いなる慈悲がはじめて生じるのだよ、と教えて下さるのです。

★生命は支え合って生きている

中国の内モンゴルに植林した菊地豊さんという方の話を聞きました。

中国残留孤児の女性が、日本に帰ってきたものの、やはり育ててくれた中国で生きたいと、再び中国へ戻って行きました。彼女は内モンゴルの平原で、中国人に育てられました。文化大革命の時期には日本人であるとわかると迫害されましたが、彼女の場合には周囲の中国人が守ってくれて無事でした。見知らぬ日本で暮らすより、恩人たちがいる中国の役に立つ人生を送ろうと、彼女は決意したのでした。

テレビ番組で彼女のことを知った菊地さんは、感動してすぐに会いに行ったそうです。農業を天職と考えていた菊地さんは、彼女から意外な話を聞きました。

やっとの思いで戻った内モンゴルの村は、砂漠化が急速に進んで、村を離れる若者は後をたたず、すっかり変貌してしまっていたのです。

菊地さんは、植林を一緒に始めようと言って、日本に帰り、計画を立てました。それから十二年間で、千二百万本が砂漠に植えられて、押し寄せる黄砂をくい止めるようになりました。

しかし、その闘いはとても難しいものでした。試行錯誤は植林の技術だけではありません。芽が出れば放牧の羊が食べてしまいます。少し育てば、村人が薪にしてしまって失敗を繰り返しました。菊地さんはあきらめず、村人たちを説きながら、繰り返し繰り返し木を植えました。雑木林が環境に強いと考えて、松やポプラなど、何種類もの木を植えていったのです。

ようやく安定したと思われた頃、二年続きの凶作、天候不順で植林した四百万本の半分もの木が枯れてしまいました。不屈の意志で植林を続けてきた菊地さんですが、今度こそ立ち上がる気力を失ったそうです。

ところが、そのとき村の人たちが菊地さんに言いました。木は枯れてしまったけれど、木を植えたので草がたくさん生えていて、家畜は肥って市場で高く売れたよ、と。だからがっかりすることはない、と村人が彼を元気づけたのです。

その言葉で、菊地さんは植林を再開、いまでは残留孤児だった女性の名を付けた大きな農場もできました。それでも、相変わらず黄砂は押し寄せていて、林が埋まってしまうこともあるそうです。

菊地さんは、世話になった人々に恩返しをしたいという残留孤児の女性の真情に打たれて植林を始めました。「利他」が、日中両国の人たちの心を一つに結んだばかりか、村人の暮らしを支えるようになったのです。

生命は支え合って生きています。そのことを知ったとき、私たちは「幸福への切符」を手にしたことになるのです。

★自分の心をよくよく見つめて生きれば、道が開けてくる

「他縁大乗心」を説くこの巻で、お大師さまはとても大事なことを説いています。

「知らず自心の天獄たることを
豈《あに》覚らんや
唯心の禍災《かさい》を除くことを」

天国も地獄も、どこか遠いところにあるのではない。みな自分の心がつくりだしたものであることを知らないでいる。それなのに、どうして心の迷いを取り除くことを知ることができるだろうか。

天国は高い高い空の上、地獄は地中深くにあるものと、私たちは漠然とイメージしてきました。しかし、現代の科学では空の上には漆黒の宇宙が広がり、地底には全てを溶かしてしまう高熱のマグマが煮えたぎっていることを突き止めています。

お大師さまは、そのような具象の宇宙論を超えて、宇宙は心に描くもの、そこに天国も地獄もあると、千二百年も前に説かれました。

心とは何か。いま、脳科学者や哲学者たちが、生命のメカニズムをさらに進めて解き明かそうとしています。お大師さまは「識」という目に見えない存在が、生命を構成している大きな要素だとも教えておられます。

各分野の研究者たちが、お大師さまに惹かれるのは、このような真理を説いておられるところでしょうか。私は、お大師さまの教えは現代科学に通じる思想だと、いつも感動をもって味わっているのです。

「迷悟我にあれば、
発心すればすなはち到る」

これは、『般若心経秘鍵』の言葉です。

——お大師さまの教えは、キョロキョロとよそ見をしてはいけないよ、自分の心をよくよく見つめて生きれば、きっと道が開けてくるのだ、というものです。

瞑想し行をするのは、みな心を見つめる力を養うものです。あわただしく日を送っていると我が心が見えなくなって、どこかに天国があるような錯覚に陥ります。あるいは地獄を恐れて閉じこもります。

自分を見失うときは、自分の心を見失ってさまよっているときなのです。

自分の心が、いまどのような段階にあるのか。光はどこから差し込んでいるのか。心が曇っているのか、澄んでいるのか。温かい心なのか、冷たく意地悪になっているのか。

他人や環境のせいにして「犯人探し」をしているのでは、いつまでたっても、幸せの切符を買う売り場さえ見つからないでしょう。

★「心の宝物を自分のことだけに使ってはいけないよ」

——「煩悩所知、已《すで》に断じて浄ければ菩提涅槃、これ吾が財《たから》なり」

感情の迷いである煩悩と、認識上の迷いである所知とのさわりを断じてしまえば、覚りと心の安らぎはわがものとなる。

私たちの心には宝物がたくさんあるではないか、とお大師さまは説いておられます。

怒りとか、悔しさなどネガティブな感情も何か役割があるから、進化の過程で生き残ってきたので、これも大切な脳のはたらきだと思って、愛しむくらいの心の余裕があった方がいい、と脳科学者の茂木健一郎さんは述べています。

煩悩とは、脳科学から見れば、原始的な部分のはたらきということができるかもしれません。「感情」の分野に当てはめることができるのでしょう。その感情も、じつは人生の中で何が起きるかわからない「不確実性」に対処するためのはたらきである、と茂木先生は説きます。

「それぞれの人がそれぞれの異なる感情を抱くことが、全体としてみれば人間の社会を豊かにし、人類を発展させる」（『脳の中の人生』）

それは、そのまま生命の多様性を説く仏さまの教えです。

煩悩即菩提。密教の根本は、この多様性を土台とする生命の賛歌です。一つの感情だけで全てを支配しようとすれば怒りとなり、さらに増殖すると貪りとなり、愚かな行為になってしまう、その三毒を排除することと、煩悩そのものを否定することとは別なのです。

人類がずっと太古から、生命の連鎖の間持ち続けた生きる活力ともなる煩悩を、どのように「天国」への乗り物とするのかをお大師さまは教えて下さいます。

心の宝物を自分だけのことに使ってはいけないよ、みんなが幸せになるために使うように、そうすれば幸せの道が開ける。

形のない財宝など、生活には役に立たないではないか。そう思って、日本人は貪ってきました。とうとう、お金で買えない心をも忘れようとしているのです。

都会には、打ち棄てられたような暮らしをしている老人が少なくないと聞きました。生活保護を受けて、そうした人ばかり集まって生活しているアパートがけっこうあるそうです。仲良く生活していればいいのですが、とかくこもって暮らしているので、近所とモメたり、住民同士がケンカしてしまうのです。

介護を必要としているわけではないのですが、働く意欲がないのですね。こうした「老人の引きこもり」も心の格差です。

どうしたら、この格差を埋められるというのでしょうか。

もっと笑って、もっと動いて。

私はこのような運動を広げたらいいかな、と思うときがあります。

心に「天国」を作るのはみな自分自身なのですが、天国をつくる手助けをするのは、同じ社会で生きる人たちの役割でしょう。

★天国も地獄も我が心にあり

「利他」とは、生命の循環を教えるもの。自分だけの世界にこもっていては、生命が育てるはずの力をなえさせてしまいます。

――


「この住心の仏は未だ心原に到らず。

但し心外《しんげ》の迷を遮して、

秘蔵の宝を開くことなし」

この第六の心のありようでは、まだ心の本源には達していない。ただ心の外の迷いをなくすだけで、秘蔵の宝を得たものではない。

お大師さまはこのように説いて、第六の巻を終えておられます。

「利他」の心を磨けば、心をとりまくホコリは取り除かれるけれど、宇宙に満ちている本当の宝を手に入れるには、まだまだ教えを実践しなければなりません。もっと、生命というものを知らねばならないのです。

南半球のタスマニアに、「赤い海」があります。入り組んだ湾の奥に、そこだけ赤い色をした海があるのです。不思議なことに、この海の水深は浅いのに、深海の魚や海藻が暮らしています。赤い色には光を通しにくい性質があるため、この海は浅い場所でも深海と同じような暗さになっているので、海の生物分布が変わってしまうのだそうです。

光と水が一体となって、生命に大きな影響を与えるのです。どうして、世界でたった一つという「赤い海」ができるのでしょうか。その謎は、上流にあります。

湾に注ぐ川をさかのぼると湿地が広がっています。ここは不毛の土地で、一種類の草が生えているだけ。その草に含まれるタンニンが赤い色を水に溶かして流れてくるのです。そして、湾の入り口には小さな島が横たわって、外海の波を防ぐために、湾はまるで沼のように静かな水面を保ちます。上流から流れてきた赤い水は、波でかきまぜられることもなく、水の表面を覆って、不思議な海をつくりだしました。深海の生き物が生きられる環境になったのです。

光が届かない場所は深海にしかない、という常識は、たった一つの理由で変わります。浅い海で暮らす生物たちにとっては、光が届かなければ生きていけない「地獄」ですが、暗い海でしか生きられない生物たちにとっては、思いがけない「天国」なのです。

天国も地獄も我が心にあり、というお大師さまの教えを思い出さずにはいられない大自然の摂理です。しかし、深海の生き物も生命ですから、どんな形であるかわかりませんが、「光の恩恵」によって生きているのだと思います。海もまた大きな生命のバランスによって、生態系がつくられているのでしょう。

何より、豊かな海は、海に注ぐ河の上流の森林によってつくられることが、最近の研究で明らかにされ、日本のあちこちの漁師さんたちが、上流の森つくりに力を注いでいるそうです。生命の循環とは、なんと不思議なものでしょう。上流は、下流の世界をつくることが、そこここの自然から教えられます。

上流のご先祖の「森」を豊かにすれば、下流の私たちは知らず知らずのうちに、豊かな海の恩恵に浴すことができるのです。ご先祖の霊は「おかげ」の象徴ともいうべき存在です。大切にして暮らしましょう。

見えないものの「おかげ」を知るために、仏さまの声に耳を傾けましょう。

「美しい！」と叫んだとき、じつは美しいものに感動した心が生まれたのです。見えたものではなく、感動した心を因にして、私たちの生命は縁をつくります。あらゆる生命が一つのもの。縁とはメッセージの交換です。利他の縁によって、まずは手を取り合って幸せの道を進もうではありませんか。

それぞれの感情も理性も、あらゆる生命に備わっている仏さまの言葉です。結びつけているのは「おかげ」の糸。きつくても、ゆるくても、仏さまが何かを教えているのだ、としっかり見据えながら、愛を持って生きましょう。

第七覚心不生心《かくしんふしょうしん》

とらわれる心から解き放たれる

★お大師さまの説かれる「不」の教え

お大師さまの師・恵果阿闍梨の師は不空三蔵といいました。

「不空」という名、おそらくは生まれ故郷の名から中国風に名乗ったものでしょうか。

「般若心経」にも「不」の文字はたくさん出てきます。

しかし、日本人の感覚では、「不」という否定の言葉がどうして尊いお経やお名前に使われるのかわからない、という声を聞きます。

『秘蔵宝鑰』の第七は「覚心不生心《かくしんふしょうしん》」といいます。

不生とは、いったいどんなものなのでしょうか。生じない心とは、どんなものなのでしょうか。

お大師さまは、どんなことを教えてくださっているのでしょう。

お大師さまは、この巻で「不」の教えを説いておられます。

『秘蔵宝鑰』は、短い中に深い教えのエッセンスが込められていて、なかなかに難しいところがあります。

しかも、だんだん出家した者に対する教えに入ってきていますので、これをそのままお話したのでは、宗教学の講義になってしまいます。そこで、日々を懸命に生きている人生の行者さんたちへの応援歌と考えて、私なりにかみくだいてお話しましょう。

恵観流の『秘蔵宝鑰』です。

尊い教えを聞いて覚る者、独学で覚る者たちの心のありように続いて、お大師さまが説かれるのは、この世の現象に一喜一憂しないで、ものごとを自在にとらえることができる自在の心のありようです。

「不」という文字が、大きな役割を果たすことになります。

「不」という文字は、もともと天を表す横一文字の下に、鳥を表す文字を組み合わせたものです。

鳥が天空に飛び立てない。そんな様子を描いた文字なのです。

そこから、物事を否定する「非ず」や「未だ」という意味が生じました。不空は空ならず、ということでしょう。「色即是空」という教えに合わせて考えれば、空でなければ色なのでしょうか。そう断定もしないのが仏さまの言葉の深いところと言えます。

この巻の終わりに、お大師さまはこんなことを言っておられます。

「自然《じねん》の言も自然なること能はず」

私たちは素晴らしい風景を見た時、この感動を人に伝えたいと思った時、どうするでしょうか。

写真に撮る、文章を書く、絵を描く。そうして他の人に見せます。しかし、それは見たもののほんの一部なのです。本当のことは、私たちが使っている言葉や絵では表しきれない。お大師さまはそう説いておられるのです。

★「不」とは見えない世界からの視点

これは、この『秘蔵宝鑰』だけでなく、お大師さまはことあるごとに、言葉だけで教えを伝えることを戒めています。この世の森羅万象、あらゆる現象が仏さまの言葉であり、文字である。お大師さまは、この真理をどう伝えるかを生涯かけて工夫されました。

その根底にあるのが曼荼羅《まんだら》です。仏さまに囲まれた空間に身を置いて真言を唱え、その響きを我が心身にもう一度取り入れて、私たちは生命の手応えを感じるのです。

空ではないもの。それは形ある生命ということはできますが、しかし見えない世界から見える世界を見ている視点が、そこにはあります。

空でないのなら色だという考えは、見える世界にいて形あるものを認めることなのです。光の中にいたのでは、光は見えません。闇にあって、光を光として認識することができるのです。

同じように、見える世界にいたままで自分の姿を見ようとしても、なかなか全体像は見えません。陰《かげ》の世界から見れば、すっかり見えるはずです。

不空三蔵の名は、見えない世界を知っていることを示しているのではないかと、私は考えているのです。

ともかく、「不」とは、見えない世界からの視点だということを覚えていただいて、話をすすめましょう。

★行とは自然と一体になること

私はお大師さまの教えをひもときながら、かつて日本に大気が満ち満ちていた頃、澄んだ空気を胸一杯に吸っていた子供の頃を思い出しました。

日本は、周囲を海に囲まれ、山あり、川ありの自然にあふれた風土です。

「わたつみの豊旗雲に入日さし
　今夜《こよい》の月夜《つくよ》　あきらけくこそ」

これは、天智天皇の御製《ぎょせい》で、万葉集に収められている一首です。

浜辺に立つと、海の果てに広がる空に大きな旗のような雲が浮かんでいます。その雲に沈みかけた赤い夕日の光が差しています。この様子では今夜は名月だろう、と歌っているのです。

雄大な自然をそのまま歌った、いい歌ですね。このようなダイナミックな感受性を持った天皇がおられた古代日本は、まさに空と海とが融け合うような自然に満ちた国でした。

お大師さまは、そうした自然の中で修行して、宇宙の奥深いところに触れられたのです。

太陽があり、月があり、星があり、その大きな空間に私たちの生命が息づいていることを心身で感じ取られたのです。

行とは、自然と一体になることです。そこに、お大師さまの教えの入り口があります。

現代の日本では、自然に触れることが少なくなっていますが、その分、最近では山歩きが盛んになり、あるいは動物園や水族館で「自然」に触れようとしたり、あるいはテレビで旅番組が大変人気を集めているのだと、私は思っています。人間が自然の一部でなかったら、どうしてこれまで生き抜いてこられたのでしょうか。人は自然に会いたくて旅をするのです。

その地球の自然が、いま大きく変化しています。温暖化の現象があちこちで見られます。このようにして、温暖化になったり寒冷化したりしながら、地球は生きています。長いサイクルで考えれば、地球もやがてはその生命を終えることになりましょうが、寿命はまだまだあると言われています。

風邪をひいたり、汗をかいたり、そんな症状が、この気象変動なのでしょう。しかし、小さな存在である人間にとって、異常気象は生活をおびやかすことにもなる大きな影響を持っています。

★天と地を貫いて結ぶ一本の気こそがすべてのものの基本

富士山やヒマラヤなどの高山がゴミだらけで困ったと思っていたら、なんと南極もゴミの山のようです。ワイヤーやガラスなどが山積みされたところを、ペンギンがよけながら歩いている写真を見て、びっくりしました。

人間が行動をすれば、ゴミが出るのです。ゴミの処理まで考えて動いて、ようやく「人が動く」ことになるのです。

ゴミは、「不」の世界からのメッセージともいえますね。

自然とは何か、生命とは何か。今もう一度、お大師さまの教えに耳を傾けねばなりません。

「それ大虚寥廓《たいこりょうかく》として万象を越一気《えつこんき》に含み、
巨壑《きょがく》、泓澄《おうとう》として、千品《せんぴん》を一水に孕む。
誠に知んぬ、一つは百千が母たり」

そもそも、大空は広々として大きく、あらゆるものの形象を、天地を貫くただ一気にふくみ、大海は深く澄み通って、一つの水に限りないさまざまなものを内に持って

―いる。これによって知らされるように、一は無数のものの母胎である。

天と地とを貫いて結ぶ一本の気こそが、この世に形を表したすべてのものの基本であり、水というものがその性質をすべて表している、というわけです。

天地は縦の軸、水は水平の軸、この交わるところ一点に、私たち一人ひとりの生命が結ばれて形となって顕れていると、お大師さまは教えられたのです。

すべては「一」に始まっている。「一」を母として、私たちは存在しているのだ、と説くのです。

古代から、水は母なるものの象徴として崇められ、畏れられてきました。

地球は「水の惑星」です。万物は水から生まれ、水によって育ち、水によって破壊されます。

水が母であるなら、いま水の異変が続いているのは、どのような仏さまの言葉だと受け止めればいいのか、と私はこの頃熟考しています。

水の異変は、地球全体に及んでいます。

しかし、その水こそ「一」という見えるものの始まりを誕生させたのだ、とお大師さまは説かれるのです。

空は「ゼロ」。陰と陽とがぎっしり詰まった真空から飛び出した「一」が、私たちの生命の形、と考えてもよろしいかと思います。

わかりやすいようですが、しかし「一」という文字が、この世の森羅万象を生み出す母なる存在だとは、なんと大きな発想でしょう。

自然というものの大きさや形を知るところから、私たちの本当の旅が始まるのです。

★独り立ちの意識を持って「二」として一歩を踏み出すとき

自然に身を置いているのが、この世の私たちの日常です。それは「不」の世界ではありません。

自然に身を置く私たちに「不」をつけたらどうなるでしょう。

自分の実像を客観的に眺めてみるのが、不の世界なのかもしれません。

「生じない心」とは、見えない世界から形あるものを見ることができる心と申しましょうか。そうした心の状態になれば、仏さまの安心の世界への門をさらにくぐることができるよ、という教えです。

この「覚心不生心」を読むたびに、ここは青年期にさしかかる「反抗期」を思わせるなぁ、と思います。

自我というものができあがっていく成長の過程で、それまで素直ないい子だったのに親に反抗するようになります。この反抗期を上手に乗り切って、人は成長していきます。

親子が渾然一体となっている状態をゼロとすれば、独り立ちの意識を持って「一」として一歩を踏み出すのです。

それは、やがては結婚して子供をつくり、という連綿と続く生命の再生に向かって、大きな一歩になるのです。

★あわててはならない、心を落ち着ければ、大波小波に翻弄されることはない

その生命の流れを「一水に孕む」と、深く澄んだ大海原に、お大師さまはたとえておられます。

「一」という個の存在になって歩き始めた世の中は、さまざまなことが起きます。

「波浪の滅生《めっしょう》は但しこれ水なり
一心は本より湛然《たんねん》として澄めり」

あわてではならない、うろたえてはいけない、ようく心を落ち着ければ、大波小波に翻弄されることなく、人生の壁を越えて、次の門に入れるよ、とお大師さまは説かれるのです。

大海が荒れれば、大きな波が起こり、また沈みます。しかし、嵐が過ぎれば、海面は静かになります。

あるいは、濁流が渦巻く大河も、静まれば底を泳ぐ魚の影まで見えるほど澄んでしまいます。

嵐という原因によって起きた現象で、海や川の性質を説いてしまえば間違えます。その姿は仮りのものなのです。

このことがわかってくれれば、いたずらに波の高さにおびえることなく、河の濁りを忌み嫌うこともないのです。

「八不の利刀、戯論《けろん》を断つ」

不生、不滅、不常、不断、不一、不異、不去、不来の八つに、「不」を付けています。モノが生じたり滅したり、無かったり、有ったり、同じだったり、違ったり、行ったり、来たりすることは、みなこの世の現象ですから、生命の本当の姿ではないのです。見えない霊の世界から見た、この世の現象を表す言葉の剣によって、いたずらな議論を切り捨てるというのです。

★「事」と「理」どちらに偏っても教えは正しく伝わらない

「論」にこだわっては、何ごとも成就しません。

政治も外交も、論議ばかり重ねていたのでは空論のやりとりになってしまいます。

現代の日本の病理は、論に頼るところにあります。

真言密教では「事」と「理」、どちらが偏っても教えは正しく伝わりません。

脳細胞は、常に自ら動いて活性化させますが、命題があれば我がこととして考え、理論を組み立てて、検証するという実践の動作によって動くのです。

そのことがわかれば、よろしい。わかるような柔軟な心を持つことができるよう心を磨くように、とお大師さまは言っておられます。

壁にぶつかったら、どうしますか。発想を変えてみると、思いがけない解決策が見つかるものです。

固定観念にとらわれ、自分を縛ってしまうから暴発するのです。

「不」は大いなるリセットのキーワードだと私は考えています。

あらゆるものを「不」という言葉によって、一度はリセットしてみるとどうでしょう。生まれるということは当たり前すぎて、どういうことか考えたことがない人のほうが多いと思います。

見えること、確認できることだけで、ものごとを判断しないようにすべきである。お大師さまがこの巻で、「不」について教えておられるのは、見えないものを感じ取る心でもあります。

密教は、肯定の教えです。煩悩さえ受け入れて、これを菩提の種とするのです。しかし、肯定するためには、それがどのようなものなのか、確認する必要があります。その確認するために「不」はあるのです。大人に成長するために、親という存在を再確認するために、反抗期があるようなものかもしれません。

★自由自在にどちらの世界からも見ることができる心眼を持つ

リセットという言葉を、最近は否定的に使うことが多くなりました。

少年少女が人を殺してしまう事件で、彼らに生命の存在感がないので、テレビゲームと同じくリセットすれば、やり直せるという間違った考えを持たせてしまった、というわけです。たしかに、これは一理あります。

しかし、じつは私たちは日々、「リセット」しながら生きていることを、忘れてはならないのです。

昨日の続きは今日ですが、しかし、昨日の自分と今日の自分は違います。私たちは毎日、死んでは生まれ、また死んで生きています。細胞は、日々新しく生まれ変わっています。そのことを実感できるようになれば、あなたは一つの人生を生きている実感を持つことができるでしょう。

細胞は生まれ変わっても、自分という存在が変わらないのは、私たちが肉体だけの存在ではないからです。

「心通無碍《しんつうむげ》にして仏道に入る
この初門より心亭に移る」

お大師さまは、戯論を断った心は、自在無碍となって、ようやく次の心の住む門に入ることができる、と言っておられます。

見える世界だけに留まらず、見える世界に固執せず、自由自在にどちらの世界からも見ることができる心眼を持つことができるようになれば、次のステップに行くことができるのです。

汚れた大気に気付かずに暮らすことのないようにしなければなりません。

どうして大気が汚れたのか。汚れていることに気付かないのは、どうしてなのか。

私たちは、知らず知らずのうちに、自らの眼を曇らせ、五感を鈍らせて暮らしています。汚れた空気も、慣れてしまえば、深呼吸して生命の糧にできてしまっているのです。見えないホコリをたっぷり吸っているのに、気付かないで生きてしまっているのです。

それではいけない。もっと自然を我が身に取り戻して生きねば、心は虚しくなるばかりだ、とお大師さまの教えは力強く迫ってまいります。

★必要な時に必要な乗り物が用意されている

「妄心、もし起こらば
知って随《したが》うことなかれ。
妄、もし息《や》む時は、
心源空寂《しんげんうじゃく》なり」

もし迷妄の心が起こった時、どうして起こったのかを知っても、それに従ってはならない。もし迷妄の心がなくなる時は、心の本源はむなしい。

みだりに迷いの心に捕らわれてしまい、迷う対象が消えてしまったら、心の根源はむなしいだけのことになる。

お大師さまは説いておられます。

目に見える現象に迷ってはならないよ、お大師さまは、そう教えてくださるのですが、この世に生まれ、さまざまな誘惑の前には人間は弱いもので、ついついのめり込んでしまうのです。それでは、迷いに心が消えた時、心はうつろになってしまうよ、と戒められるのです。

心とは何か。お大師さまはここで問いかけられます。

最近は、心も脳細胞の働きから生じるものだと言われるようになりました。

しかし、それだけではは《はか》かり知れない生きる力の解明にはなりません。

心を大切にするということは、どんなことなのでしょうか。

私たちは、心をきれいにしておくことがなかなかできません。

雑念を払っても、すぐに空いたところに、いらない「論」を溜め込んで、これがゴミの山をつくります。富士山や南極のことを批判できません。自らの心が見えないのをいいことに、心にゴミを放り込んでいるのです。

我が子の成績を気にしすぎてはいないでしょうか。

会社人間になってはいませんか。

うつになるサラリーマンが増えているそうです。頑張らなくてもいい、とは言いながら、頑張る人が多いのです。頑張り屋がうつになってしまいます。

心のゴミを溜めないように、掃除をまめにしましょう。

心のゴミとは何ですか。それが怒り、恐れ、貪りの「三毒」なのです。怒らず、恐れず、貪らず。愚かにならないように、私たちはいつも緊張感を持って生きねばなりません。

「人生って、自動車を運転しているようなものですね」

信者さんが私に言いました。

「無理に自動車に乗らなくても、歩いてもいいじゃないですか」

私がそう応えると、その人は言いました。

「東京で仕事をするって、歩いていては間に合わないのです」

なるほど、そうかもしれない、と私は納得したものです。

自動車を運転していると思って、日々を生きている人は、きっと運転中と同じように、注意しながら進むでしょう。

歩いている人は、それなりのペースで生きています。

新幹線や飛行機を使って、あわただしく生きている人もいます。

どの人も、自分が乗っているものをしっかりとわかった上で、人生の運転をしてほしいのです。自動車を運転している人が、歩いているのと同じような、のんびりした気持ちでハンドルを握ったのでは、事故が起きやすくなってしまいます。

どの乗り物でも、必要な時に必要な乗り物が用意されているのが、仏さまを信じて生きる道なのです。

それは、見える世界にも、見えない世界にも、自在に出入りできる自由な心です。

さぁ、あなたも自由自在に羽ばたいてみませんか。

人を知り、我を知る。

そこから、仏さまの世界に向かって、門は開きます。それは、自分とは何者なのかを知った、大人への旅立ちです。反抗期は終わりです。しかし、反抗期があるから、人は皆成長できるということを、決して忘れてはなりません。全ての人々の心の成長を、心から願うばかりです。

第八一道無為心《いちどうむいしん》

すべてが同じ清らかな生命

★心とはどのようなものなのか

私たちが、毎日身近に感じていながら、とらえることができないもの、それが「心」です。この抽象的なものを、お大師さまはずっと説き続けられました。

人間は、いつから「心」というとらえどころがない、しかし、これほど人間の行動を左右する重要な存在を意識するようになったのでしょう。

人類は、進化の過程で「心」が発生したとされていますが、興味深い科学の仮説があると聞きました。

自分に心というものがあれば、相手にも心があると推察できます。他人の心を推測できる能力に長けた者のほうが、生存競争に有利だから、「心」は発生し発達したのだ、という仮説です。

確かに、心の動きが人間の行動を決める重要な要因ですから、相手の心の動きを察知したほうが、生きていくことは楽になります。たとえば、敵からいち早く逃れたり、相手に攻撃をしかけたり、あるいは相手と信頼関係をつくったり、様々な行動によって人間関係ができていくのです。

心とは、脳のはたらきによるとされますが、しかし、本当にそれだけで説明できるものなのでしょうか。

心は目に見えないけれど、一人ひとりが持っているものだと知っていたからこそ、そこに宗教が生まれ、生命の真理に迫る道筋ができたのだ、と私は感じています。

『秘蔵宝鑰』も第八巻になり、ようやく「心」とは何かというテーマに行き着きました。一道無為心《いちどうむいしん》。「または如実知自心と名づけ、または空性無境心と名づく」と書き加えられるものです。

この第八巻で説いているのは、「一乗の教え」とされます。一乗とは「数字の一に乗る」と書き、一乗寺というお寺の名前にもなっている一乗です。これまで、お釈迦さまが説いてきた入門編の三つの教えを一つにして、さらに奥深いところを教えるもの、それが「一乗」の教えです。そこには「心とはどのようなものなのか」というテーマが説かれているのです。

この心のありようは、ずいぶん仏さまに近づいてきてはいますが、まだもう少し先のことです。いわば、胸突き八丁にかかったところです。とても抽象的な言葉が並んでいますから、そのままでは理解するのが難しく、言葉にとらわれすぎると、かえってわからなくなることが多いところです。

つまり、言葉だけでは真理を理解できない領域に入った、ということになります。しかし、よくよく繰り返し読んでいくうちに、お大師さまが教えてくださるのはこんなことかなぁ、というイメージがわいてきます。

★尊い教えを理解できずに、教える者から離れてしまうのはもったいないことだ

身体を動かし、考え、感性を総動員して感じ取ったものが、「覚り」です。魂を揺さぶられる、という表現がありますが、それがまさに「心」の奥底に届く感覚です。

聞いたり学んだりするだけでなく、瞑想して自分の心を見つめるところから本当の幸せがつかめるのだ、と教えているのです。

孔子のお話がどれほど自らを磨く道しるべになろうとも、その言葉の道理を理解できない人がいます。

お釈迦さまは、わかりやすい言葉で生命の真理を説きましたが、無知な人たちはわからないまま席を立ってしまいました。

尊い教えを理解できずに、教える者から離れてしまうのは、もったいないことだ、とお大師さまはこの巻を書き始めておられます。

良いことを教えてもらっているのに、「なんだか、わけのわからないことを言っている」などと、自分がわからないことをタナに上げて、教えてくれる人を逆に批判する人がいますが、もったいないことです。

私は、このお大師さまの文を読んで、ついつい現代の問題に考えが行ってしまいます。最近の教育にも、そんな場面がないでしょうか。教師が教えていることを、学ぶ気持ちがないままに教え方が悪いとか、学校が悪いとか言っていませんか。私は、親や生徒に聞いてみたくなるときがあります。

確かに、今の日本の教育は、どこかで歯車が違ってしまったように思います。教育のシステムを改革すべきだという声が高くなっていて、私もそのように考えます。

しかし、問題は教えるシステムだけではありません。教えを受ける側の「心」をどう育てるかに問題の本質があるのだ、と私は考えています。子供というより、実は親たちの「心」をしっかりと教育したら、日本の子供たちは健全になるのです。

教師が生徒に教えることだけが教育ではありません。親が、学校は尊いことを教えてくれる場だから、みんなで大事にしよう、と子供に教え、自らもそのように思う。そこから教育は始まるのです。

お釈迦さまが説法を始めた当初には、いくら真理を説いても、なかなか理解する人がいなかったのですが、やがて数多《あまた》の人たちが、お釈迦さまの説法を聴き、教えを実践するようになりました。

人間は、とかく知らないこと、新しい光を受け入れることが苦手のようです。お釈迦さまが説かれたのは、それまでの宗教や社会のワクを超えた新しい考えだったのです。

★大きな心にはあらゆるものを生かす働きと空間がある

お釈迦さまは、心を清めるための教えを説かれました。

「『蓮華三昧《れんげざんまい》』に入って性徳《しょうとく》の不染《ふぜん》を観じ」と、お大師さまはこの巻で教えられます。

「蓮華三昧」とは、蓮の花を思い浮かべながら瞑想する修法です。蓮の花を一輪手にして、お釈迦さまは説法されました。

蓮は、泥の中から生じて、あのような清らかな花を咲かせます。

それは、蓮の種が泥に染まらず、清らかなままに種を守り、花を咲かせるのです。しかし、泥が悪いわけではありません。混沌とした泥には、花を咲かせる養分がたっぷり含まれているのです。泥を泥として扱えば、身を汚して迷惑なものです。しかし、その泥がなければ、蓮は枯れてしまいます。

泥が汚いからといって、これを棄てるのでは、どこかにまた泥が残ります。密教は泥を泥とせずに、花を咲かせる養分と考えるところから始まります。

私がこの話をしていますと、若い信者さんが「それって、現代のリサイクルの発想と同じですね」と言いました。なるほど、自分に不向きであれば、使えるものさえ棄ててゴミにしてしまうのが、現代日本のやり方でした。

「もったいない」の発想が広がり始めていますが、心のゴミをゴミとせずに生かす考えが密教の底流なのだと言うと、若い人たちは理解してくれるようです。ゴミをたくさんつくってしまうのは、ゴミを生かす心のゆとりが足りないのです。

大きな心には、あらゆるものを生かす働きと空間があるのです。

煩悩はそのまま菩提となる。煩悩を大きな心で見直せば、これを養分として、清らかな心を磨くことができるのです。

また、「泥の池」というたとえは、現代にも生きているインドの身分制度の最下層を表現してもいました。お釈迦さまは、人間が作った身分制度ではなく、仏さまの教えをもとにした平等を説きました。どのような人間の心にも仏さまがおられる、と教えたのですから、お釈迦さまの説法が、当時の人々になかなか受け入れられなかったのでしょう。

しかし、心が清らかになれば、生きている充実感を得られることを知った人たちが増えていきます。どんなに財産があっても、どんな身分が高くとも、心が満たされていなければ、人間は幸せにはなれないのです。

★心の垢を落として、仏に感応する清らかな心の種を育てるには

心の奥底ではわかっていながら、権力や財力を手にすればするほど、人はこうした力におぼれて、心を満たす術《すべ》を忘れて、幸福から遠ざかっていくのです。

権力や財力を得てなお、幸せになる道があると教えるのが、お大師さまです。大きな力

を手に入れたら、それをより多くの人のために、惜しみなく分かつようにというのが「大欲」の教えであることは、私の話を聞いてくださっている皆様は、よくおわかりのことと思います。

祈りによって大きな心を育て受け入れること。そこから幸せの道が開けます。すべてを受け入れながら、心の垢をどう落として、仏さまに感応する清らかな心の種を育てて花を咲かせるのでしょうか。

私たちは、みな仏さまです。その仏さまに出会うために、まずは静かに瞑想して、自分のあるがままの心を知ることです。

「寂にしてよく照なり。
照にして常に寂なり。
澄水《とうすい》のよく鑒《み》るに似たり。
瑩金《えいきん》の影像の如し。
湿金すなはち照影、
照影すなはち金水《こんすい》なり」

つまり、お大師さまは、心身を休ませ、静かに心というものの本性を観るように、と説いておられるのです。

それを「止観」と言います。

止観とは、静かであってよく照らし、照らして静かである。それは、あたかも澄み切った水そのものと事物を映し出す水のはたらきとの関係のようなものである。

また、磨きをかけた黄金とそれに映し出される映像との関係のようでもある。水や黄金は、働きはそのまま黄金であり水である。

お大師さまは、こう教えておられるのです。

★鏡としての水と黄金は我が身を映し出す心そのもの

人類にとって、黄金は大変貴重なものでした。なぜなのでしょうか。光輝くからでしょうか。身をより立派に見せることができる飾りだからでしょうか。

それだけではなく、水と同じように自分の姿をそこに映し出すからだ、とお大師さまはたとえているのです。

私は、このところ水について特に深い関心を抱いています。地球は水の惑星と呼ばれています。水が生命を誕生させ、育んできました。水がなければ、この地球にこのような人類の文明は誕生しなかったのです。

しかし、水は時に全てを破壊するほどの力を持っています。遠い昔から幾度となく語られてきた大洪水の伝説は、人類が水によって、しばしば存亡の危機に見舞われたことを物語っています。

それでも大洪水の破壊のあとには、豊かな土壌がつくられて、人々は再び生活を築いてきたのです。

鹿児島の最福寺には、世界最大の木彫り坐像として知られる大弁財天をお祀りしていますが、弁天さまは水、とりわけ河川を司る女神として敬われてきました。芸術や賢い頭脳や財運など、人間が豊かな人生を送るためのことごとくを授けてくださる守護神なのです。

『秘蔵宝鑰』の巻八で、お大師さまは「鏡としての水と黄金」を組み合わせ、私たちが生命の源である水と、この世の暮らしを見守っていく黄金とが、ただ物質的な利益だけではなく、我が身を映し出す心そのものであると、教えてくれるのです。

弁財天とは、この世を豊かに生きるために必要な賢さと財運、潤いを授けるだけではなく、自分の心のありようを照らして教えてくれる「生命の鏡」としての役割もあるのです。大弁財天の前で合掌していると、心が透明になるようです。それが、水と黄金に我が身を映し出して瞑想する境地なのでしょう。

蓮華を胸に思い浮かべて瞑想するもよし、鹿児島においでになって最福寺の大弁財天と向かい合って、その水と黄金の鏡に我が身を映し出す気持ちで静かに我が心を見つめるのもよし、いずれも幸せの扉を開くことになりましょう。

★心は内にあらず、外にあらず

人類は、いつも自分の姿を確認しながら生きてきたのか、と私ははっと気づきました。それこそ、人類が他の動物と大きく違うところです。

それが、先程お話した進化の過程で、人類が「心」というものを得た、あるいは人類に「心」というものが発生した、一つの理由かもしれません。

自分という存在を知るから、他人のことがわかります。

宇宙学者のホーキング博士は、「人間原理」という説を唱えました。これは、人間がいなければ、宇宙はないのと同じだ、というような意味です。

私たちは太古から宇宙の動きを知ろうとして、様々な研究をしてきました。惑星の定義をめぐって、とうとう冥王星は惑星ではないと決められましたが、古代は天王星や海王星も見つかっていなかったために、占星術にはこれらが入っていませんでした。

世界の天文学者が集まって、冥王星を惑星の中からはずしましたが、しかし冥王星という小さな星が変化したわけではありません。人間が決めようと、どうしようとも、冥王星はいつも変わらず、太陽の周りを廻っているのです。

仏さまが、どこにおられるのか。あれこれと人間は可能な限りの表現で伝えようとします。しかし、どのような教え方をしようと、仏さまはちゃんとおられます。

それは、私たちの心の中におられるのです。

それなら、心はどこにどのような形であるのかと言えば、お大師さまは続けられます。

「心は内に在らず、外に在らず、及び両中間にも心不可得なり」

心は、身体の内にあるものでもなく、外に存在するものでもない。あるいは、その中間でもなく、心の形を得ようとすることはできない。

——

このように説かれるのです。

私は、この世は「見える世界」と「見えない世界」から成り立っている、といつもお話していいます。

見えない世界がどこにあるのか。この世の言葉で語り尽くすのは難しいもの。私は、それを「霊」と呼んで説明しています。

霊とは、人間一人ひとりの影と言ってもいいでしょう。私たちがここにいるのは、見えるから、いるとわかります。しかし、見えない部分がいつもいっしょにあるのです。心とは霊と重なるものだ、と私は考えています。

潜在意識とも、深層意識とも表現できるでしょう。

静かに心を観じていますと、その深層意識に行き着きます。そこに到るまでには、雑念が涌いては消え、消えてはまた涌いてきます。怒ったり、こだわったり、愚かであったりする自分の心がよく見えます。

★私に「死ね」といって再生させたのは母の心の力

この巻八は、密教の入門編だとお大師さまは言われます。あるがままの自分の心を知ることは、顕教では究極の理法とされるけれど、真言の教えはここから始まると言ってもよいのだ、と言われるのです。

「もろもろの造作を離れ、眼耳鼻舌身意《げんにびぜっしんに》を離る」

我が心をそのままに見るとき、現実感と言いますか、身体で感じる感覚を離れるものだと教えているのだと、私は解しています。

お大師さまが説かれる即身成仏が、真言密教の究極のところですが、そこに到る感覚を得たとき、ようやく生命の手応えを感じるということです。

私は、この巻を読んでいて、しみじみと母の遺した教えが身にしみて思い出されます。

「行場が行者の死に場所だ」

それは、昭和三十七、八年の夏でしたでしょうか。私はその頃、ほぼ毎月八千枚護摩行を行うようになっていましたが、四回目か五回目のことでした。

結願の日、私はあまりの熱さに耐えきれなくなって、意識を失って倒れました。弟子たちが駆け寄って私を助け起こそうとした、その時でした。朦朧としている私の耳元で声がしました。

「苦しかったら、ここで死ね。行場が行者の死に場所だ」

一瞬、死につつある私に対して、仏さまがそうおっしゃったのかと思いましたが、母でした。母は、私の八千枚護摩行には、終始私の後に坐って、一心に不動真言を唱えてくれていたのです。

すごい言葉です。

私は、ハッと気を取り直して、丹田に力を込めて八千枚を最後までやり通すことができました。以来、私は行場で死ぬことを恐れなくなりました。

私の母は、「死ね」という言葉の底に、私に対する深い愛情と信頼があったから、私が再生する力となったのです。

それは、この子を助けたいと思う、言葉を越えた心の叫びだったから、生きる力に直接響いたのだと思っています。それが、「心の力」なのだと、今はわかってきました。

母は、本当に厳しい先達でした。

行というものは、日々一定の行をしながら、積み重ねていくものです。大きな行は、その基本の上にあるべきであって、両者はつながっている。ところが、お前は大きな行を終えると、パタリとしなくなる。だから、つながっていない。だから、お前の行は行ではない。大きな行をしただけではまやかしの坊主だ、と。これが、母の論理でした。

私は、八千枚護摩行を始めた頃は、成満した翌日から二、三日は何もかも放り出して遊んだのですが、母はこのことをとても嫌いました。母に厳しく言われても、最初の頃は、もう火を見るのがいやで、どうしても遊んでしまったのです。行はそれほど苦しいものですが、母に「ここで死ね」と言われたことや、不思議な体験をしたりして、私はいつしか行をつなげることができるようになってきました。

その体験というのは、ある時、八千枚護摩行を終えて、車で四、五十分の宮崎県都城市の書店に出かけた時のことです。

行から解放されたような気分でしたから、ジャンパーにサンダル、ハンチング帽といういでたちでぶらぶら歩いていましたら、二、三人の男女がついてくるのです。「どうしたのですか」と、その一人に尋ねたら、「あなたの身体から光が出ているので、ついてきた」と言われました。

その時は、「バカな」と、一笑にふしましたが、その後も何度かそれに似たようなことを言われ、そうか、行が私にあふれる光をくれたのだ、と仏さまに触れた実感を持ちまして、行に力が入るようになりました。

今では、行はずっとつながっています。

毎日、一定の行をして、それを日々積み重ねていきます。特別の行は、毎日の行にプラスして行います。それができて、初めて行に「つながり」ができます。それはまた、仏さまとつながっていることであり、母の心とつながっているのだと感じてもいるのです。

★無我夢中の連続が願いをかなえる道

「一生懸命、朝から夜まで拝めば、何だって可能になる」

母の智観は、よくこう言っていました。

それは、行者だけではなく、あらゆる職業に通じている言葉です。「拝む」かわりに、自分の使命とも思える仕事に、懸命に励めば、必ず道は開けます。

無我夢中の連続が、願いをかなえる道なのだ、と私は母に教えてもらったのでした。

思えば、生命とは連続しているもの。朝起きて夜寝て、また朝起きて、という繰り返しを死ぬまで続けているのです。寝るのが面倒だからといって寝ずにいても、よほどの不眠症に罹っていない限りは、いつしか寝てしまいます。食事も同じことで、食べずにいたら拒食症になってしまいます。

生命とは、連続しているからこそ、ささいな繰り返しをおろそかにしてはならないのです。一つ一つの働きをしっかりと積み重ねて生きていくことが大切です。

行に励むと光が出てくる、という体験は、やがて光と一体になる感覚を知るようになる前兆だったのでしょう。

仏さまとはどんなものか、私は見てみたい、お姿を現してほしいと念願しながら修行していましたが、八千枚護摩行のときに、自分が光か、光が自分かわからなくなるという感覚にしばしば陥るようになりました。

仏さまの本体は光だ、仏さまから生まれた自分は光だ、生命は光、思念も光。この生命、思念を燃やし続けたら、夢は必ず叶うのだ、と私はいつしか思うようになりました。

そう思うようになると、初めの頃は長く思えてしかたがなかった行の時間の経過が、短く感じられるようになってきたのです。最後の八時間は十分から十五分くらいにしか感じられなくなったのです。そしてまた、なぜか熱さを忘れるようになりました。あの焦熱地獄の苦しみがどこか遠くへ去ってしまったようでした。

私は、早くから大日如来、つまりは私たちの生命の本質は光ではないかと考えていました。人間の思念も光です。しかし、人間には三つの業があって、光が外に出られません。貪《むさぼ》り、怒り、愚《おろ》かさが、光を妨げているのです。光が出なければ、良いものは集まってきません。かつて私もそうでした。それが、懸命に行を続けてきて、どうやら光と一心同体になったのです。光は私の思念となり、光によって、私は仏さまの力をもって一人でも多くの人たちを救う手助けをしていきたいのです。

その私にとって、『秘蔵宝鑰』でお大師さまが教えてくださる「心」のありようは、言葉を越えて実感として伝わってきます。

そこから、いよいよ密教の世界の入門は許されるというのですから、いっそう行に励めという、お大師さまの「心」をいただいたと感謝の念を深めているところです。

第九極無自性住心《ごくむじしょうじゅうしん》

対立を超える

★近くて見難きは我が心

「芥子劫《けしごう》」「盤石劫《ばんじゃくごう》」とは何だかご存知ですか。両方とも時間を表す言葉です。いったい、どれほどの時間を物語る言葉でしょうか。これは、経典に時々出てくる言葉です。

「芥子劫」とは、百由旬《ゆじゅん》と言いますから、およそ千キロから千五百キロ平方メートルほどの城の中に、小さな小さな芥子粒を詰め込んで、百年に一粒ずつ取り去って、これがなくなるまでの時間です。

「盤石劫」とは、同じ大きさの巨大な石の上を天人が軽い羽衣で磨り払い、その巨石がとうとうなくなるまでの時間を言います。

どちらも「無限」ともいうべき悠久の時間を表現する言葉です。

経典は、みなインドで書かれたものです。インド人は数字に対する感性が鋭いと言いますが、このような気が遠くなりそうな膨大な数のイメージを描くことでも、天才のようなきらめきがあるのですね。

きっと、古代人は高層ビルもない天空を見上げては、宇宙の彼方に思いをはせていたのでしょう。

中国人も「白髪三千丈」などと、大きいことはいいことだとばかりに、大きな数字を表現に使いますが、インド人の桁外れの数字好きには及ばないように思います。

この永遠と思える時間も、広大な虚空や須弥山や大海のように遠く、大きく、高い、深いものも、時間さえかければ、数えれば数えきれる、というたとえです。

これら想像を絶する永遠に近い巨大な数字でも、数えられるものです。しかし、これに比べて、あまりに近いために見え難いのが我が心であり、虚空に満ちているのに、あまりに小さいために見え難いのが仏さまなのだ、とお大師さまは九番目の心のありどころ「極無自性住心」の冒頭で教えます。

一 「近くて見難きは我が心、

――**細にして空に遍《あまね》きは我が仏なり**」

とても有名な句なので、ぜひ声を出して唱えて覚えてください。

これに続いて、お大師さまは説かれます。

「**我が仏、思議《しぎ》し難し。**

我が心広にしてまた大なり」

空気の微粒子のように遍満している仏さまの存在は、それだからおもんぱかることはできない。自分の心も、広くてあまりに大きいから量ることはできない。

――――――――――

★大きな仏さまが住まう心とは想像もつかないほど偉大

お大師さまのこの言葉こそ、私が感じている「生命は光」だと、説明している言葉でありましょう。

光は虚空に満ちていますが、光子《こうし》はあまりに小さいから、一つ一つでは見えません。しかし、存在していることには間違いありません。

この光が集まって、生命ができていると、私は信じているのです。生命は仏さまそのものです。光、すなわち仏さまが虚空に満ちていると、お大師さまは教えて下さっているのです。

さて、超巨大な「盤石」もかなわないほどに広くて大きな我が心、「芥子」よりも小さくていながら、この広大な虚空に満ち満ちている仏さまの存在は、とても思いをいたすことができるものではない、とお大師さまは教えて下さいます。

心は仏さまがおられるところ、大きな仏さまが住まう心とは想像もつかないほど偉大なものなのだ、と教えます。

私は、時折ふと夜空を見上げて、宇宙の果てはいずこにあるのかと考えることがあります。古代人ならずとも、銀河系宇宙だけではなく、数え切れない宇宙がどこまでも広がっていると、学者たちは唱えます。

太陽系の果ての惑星だとされた冥王星が惑星ではない、と天文学者たちに決められて、世界中がとまどっています。海王星の外側には更に小さな「惑星もどき」と言っていいでしょうか、星たちがたくさんあることがわかってきた結果だそうです。

これまでの望遠鏡では見えなかった宇宙が、精巧な望遠鏡ができて、ずっと先の星まで発見できるようになったのです。時間と技術があれば、どれほど遠くの星でも数えることができるのですね。

「芥子劫」や「盤石劫」のたとえは、あきらめずにコツコツ努力していれば、いつかはきっと目的を達成できる、という教えでもあります。中国では、「愚公、山を動かす」という諺がありますが、同じ教えでしょう。

どちらも、人間が一度に出せる力は小さいというたとえでもあろうか、と私は解いています。数えることができるものは、人の脳の力で解決できることだ、という教えが隠されてもいるのです。

人の心は仏さまそのものです。これは自分で見えない、数えられないものだから、じつは最も優れたものであると、お大師さまは文章の行間で伝えて下さいます。

★迷える者たちに本来の住処へ帰る道を教えている

見えるものには限界があり、人間の努力によってこれを把握したり、手に入れたり、解決することができるけれど、見えないものには不思議な力がある、というわけです。

――「奇哉の奇、絶中の絶なるは、それ只《ただ》自心の仏か」

――不思議の中の不思議、優れた中にも優れたものは、ただ自らの仏であることよ。

自分の心に迷うから迷いが波立ってしまうのだ、とお大師さまは続けます。

迷いの波が静まらないから、いつまでたっても自分の心を覚ることができない。

お大師さまはそのようにも教えて下さいます。

覚るという道は、すべて自分の心を知ることに通じています。

我が心がどれほどの力を持っているのか。

心が秘める無限の力をお大師さまは説きますが、それは究極の教えで、この九番目の心の住処《すみか》は、まだ頂上を極めているわけではありません。

人々は、どうしても自分の心をしっかり見ることができないので、迷いから抜け出せない。慈悲ある仏さまは、迷える者たちに本来の住処へ帰る道を教えている。長い道のりを

ようやく歩いてきた者たちに用意された休息所が、この九番目の心の住処なのだ。

お大師さまは説かれます。

あぁ、家に帰り着くのはもうすぐだからといって、ここで気を抜いてはなりません。ここからが、大決心の道になります。

因幡の白ウサギが、どうしてワニに皮をはがされたのでしょうか。

積み木の家を作って、あと一つ置けば完成という、その一つをちょっと乱暴に扱って全部崩れてしまう、あの感覚です。

★「もう一息」に油断してはならない

最近の日本社会には、「もう一息」の辛抱ができなくて、せっかく積み上げてきた人生を崩してしまう事件が多いように思います。

犯罪ではなくとも、私たちの日常は、最後の最後まで集中しないと失敗してしまうことばかりです。

そんな緊張ばかりで生きているのは大変だと思うかもしれません。しかし、集中するこ

と緊張することは、まったく違うことを知っていただきたいと、私はいつも思っていま
す。

世は格差社会になったと言われます。格差社会とは、満たされている者と不満を抱えて生きている者の違いがはっきり出る社会のことではないでしょうか。

資産とか、学歴とかではない「心の格差」が大きくなっているのではないか。この頃の事件は、そんなことを考えさせます。

「心の格差」をなくすのは、自分自身の心身を自己コントロールできる強い精神力だと思います。強い精神力は、持続する集中力から生まれます。

スポーツ選手を見ていると、よくわかります。野球やサッカーなどのチーム・プレーではなく、ゴルフなどを見ると、最後の勝負は集中力で決まることがよくわかります。

いたずらな緊張をせずに、集中力を高めるようにしましょう。それが「行」の力なのです。

「もう一息に油断してはいけない」とは、私の亡き母の教えでもあります。

★最後の一瞬まで「初心」

平成元年、私が百萬枚護摩行を成満いたしました時のことです。結願まであと三週間となった四月二十一日に、母が大隅半島の自坊からやって来ました。陰ながら祈ってくれていたのですが、この時期に私のもとを訪れたところに深いわけがあったのだと、今も母の心が私を温かく包みます。

「やっと、峠を越しました」と私が申しますと、「何を言うか、行はこれからだ」と譲りません。私としては、崩していた体調も戻って、このままいけば満願と思っていたのでした。

「最後の一日を残して倒れても、この行は駄目になる。つらいのは最後の一日なのだ」

母の言葉が実感できたのは、それから十日ほどしてからのことでした。すでに体力は限界にきていましたし、もう九割方済んだと気をゆるめたものですから、もう坐っているのもきつくなりました。

そうなりますと、日が過ぎるのが遅くなります。ゴールがどんどん遠ざかっていくような気持ちになりました。

それで、母の言葉を思い出して、毎日きっぱりと「今日が初日だ」「今から始めるのだ」と自ら言い聞かせて、行に臨みました。

結願の日、私は護摩壇の前で最後の祈りを続けていた時を思い出します。まさに、最後の一瞬まで、「初心」なのだと、今にして思えば思うほど、母の諭し、お大師さまの教え、仏さまの心が、私の全身にしみじみと伝わってきます。

母が尋ねてきてくれなければ、そして私を戒めなければ、私は「もう一息の休息所」から立ち上がることはできなかったことでしょう。

どのようなことでも、目標に向かって努力している時、最後の階段を登る厳しさを味わいます。受験勉強も、プロジェクトを完成させるのも、仕上げの一瞬こそ最大の力を発揮しなければ、失敗してしまいます。

料理もそうです。準備して、手際よく煮込んでいて、最後に目を離して焦げ付かせてしまった、という経験を持っている方は、たくさんおられましょう。

★「いのち」はまさに個々の「命」を生かし生きるもの

「極無自性住心」は「最後の油断」を戒める教えなのです。

「極無自性住心」は、頂上が見えてきたところで一呼吸つく、そんな心のありようです。

この「住心」は、「華厳経」の教えがことごとく収められている、と言われます。華厳経は、毘盧遮那仏がはじめて覚られた時に諸々の菩薩にこのお話を説いたものです。生命のありようが説かれています。

生命というものは、あらゆるものが互いに存在し、溶け合っています。一つ一つのものでありながら、全体として大きな一つでもあるということを、覚ったのです。しかし、覚ったからといって、それが終着点ではなくて、仏さまの世界の住人となる始まりなのだと、説いているのです。

地球を生命体とすれば、私たちも山川草木ことごとく地球の一部です。地球という星は生きていますから、その「生命」を共に生きている存在なのです。

生命《せいめい》と書いて「いのち」と読んでいます。私は日頃から、「いのち」と言う時に、「命」という一文字ではなく、生命と書きます。それは、仏さまと同じである「いのち」は、まさに個々の「命」を生かし生きるものだと考えているからです。

人は、生きていると、常に決断にせまられます。苦労して、ようやく到達したと思った「頂上」で、さらに飛躍するのか谷底に転落するのか、決断をせまられることがあるのです。

「最後の一瞬」を忘れずに、もう一度「初心」に戻って進むことこそ、最後の階段に通じる道なのです。

★初心に戻れば我が仏の光が差し込む

「初心の仏、その徳、不思議なり。万徳、初めて顕われ、一心、やや現ず」


お大師さまは、「華厳経」の一節を引いて、この九番目の心を説きました。

『若者はなぜ三年で辞めるのか』という本のタイトルが目に入りました。フリーターが増えたのは、せっかく就職したのにすぐに辞めてしまう若者が増えた結果だと分析する人もいます。

大学も同じことで、苦しい受験勉強をしたのに、入学して間もなく辞めてしまったという若者もいます。

理想と現実のギャップに気付いたからだ、と言う若者もいます。

簡単に辞めることができるのは、それでも生活できるからだと、指摘する人もいます。親の生活力が高く、子供が働かなくとも食べていける家庭が多いのです。

しかし、辞めてしまったあと、自分が本当にやりたかったことを実現している人はどれほどいることでしょうか。

初心という言葉を「夢」と置き換えれば、現代の若者に通じるかもしれません。

夢を実現させるために、会社勤めを辞めたなら、その何倍も努力してみようという意志を持ってほしいのです。

会社という大きな入れ物の中で保護されていた部分、管理されていたところをはっきりと知らなければなりません。自分ひとりで、ものごとを進めるためには、それまで見えなかった「おかげ」を知ることから始めなければ、同じ壁に突き当たるでしょう。

就職したばかりの時に、どんな気持ちでいたのか、どんなことを感じたのか。そこに立ち戻れば、見えないものが見えてきます。

初心とは、心にたまったホコリや垢を落とした状態なのです。初心に戻れば、心の部屋の奥に追いやられて見えなくなっていた、我が仏さまの光が差し込んできます。

★眼明らかなるときは、すなわち途に触れて皆宝なり

「**眼明らかなるときは、**
すなわち途《みち》に触れて皆宝なり」

心の眼が明るくなっていれば、あまりに近くて見え難い我が心にたっぷりしまわれている宝ものが見えてくる。

お大師さまは『性霊集』で教えて下さっています。心眼を磨く、その第一歩が初心に帰ることなのです。

初心とは、素直な気持ちになることです。

そこから見えてきた光に導かれて、ようやく次の段階であり、究極の心、仏さまの覚りにいたる教えになるのです。

「善男子《ぜんなんし》よ」と、お大師さまは『金剛頂経』を引用して語りかけます。善男子とは「よき若者」という意味です。

「よき若者よ、そなたは、仏さまの真実を知らないで、どうして完全な覚りを得ようというのか」

まずは、我が心を観察する精神統一に入って、「自性成就《じしょうじょうじゅ》の真言」を自らの思うままに唱えるように、とお大師さまは若者に説きます。

それが、心の眼を磨く方法なのです。

★「初心」とは教育の原点

子供たちの心に喜びの充足感と、苦しみを耐える強さと、何より愛されているという安堵感を植えつけていく。それが、心の栄養です。

脳の栄養も正しくつけていかねばなりません。真言を唱えるように、天に響く良い言葉を刻み、脳細胞が気持ちよく活発にはたらいて、好奇心にあふれた積極的な気持ちを持つことができるようにしなければなりません。

また、相手の心を慈しむ気持ちを育て、想像力をもって行動できる思考が深まるようにする必要があります。

それが、能力への栄養です。

そして、こうした健全な思考を実現できる体力を培うために、身体に栄養をつけねばなりません。

このように、「極無自性住心」を読み解いてまいりますと、「初心」とは教育の原点であると、気付きます。

子供たちの心に、仏さまが教える清らかな初心の種を植えることによって、人生の壁にぶつかった時に、必ず立ち直って前に進む力を見つけることができるのです。

仏さまは愛をもって、私たちを見守っています。それは親の愛情のようである、とお大師さまは説きます。

親は子供の仏さま、子供は親の仏さまです。

少子化などと言われていますが、その貴重な宝を持った親たちは自覚をもって見守ってほしいと、私は親御さんたちに申します。それが、仏さまの愛なのです。

そして、よその子と比べないようにとも申します。子供は輝く天性を持っています。その素晴らしい資質は、磨けば、みんな仏さまのように光るのです。

そのためにも、間違ったことをしたら、厳しく叱りましょう。ルールはしっかり教え込みましょう。

しかし、その後で、しっかり抱いて、愛していることを伝えましょう。折あるごとに、私はそのように、親にも仏さまの心を知ってほしいと願っているのです。

★生命の真理は身体と言葉と心

明治天皇は、進取の気性に富んでおられ、率先して西洋文明を取り入れながら、日本の伝統的な心や道徳、美徳が失われることを憂慮されていました。その危機感に対処すべく、一人の儒学者にゆだねられたのでした。元田永孚《もとだながざね》（一八一八～一八九一）、熊本出身の儒学者で、幕末の思想家として知られる横井小楠の弟子にあたります。明治天皇に『論語』などを進講していました。

元田は、まず『幼学綱要』を編集します。

子供が守るべき二十の徳目が、ここにありました。

孝行、忠節、和順、友愛、信義、勤学、立志、誠実、仁慈、礼儀、倹素、忍耐、貞節、廉潔、敏智、剛勇、公平、度量、識断、勉識です。

このような徳ある性質が育ったなら、どのように素晴らしい人格となるでしょう。よく考えられた大切な徳目ばかりで、現代でも通用すると私は思います。

明治天皇は、これをたいそう喜ばれて、内容をさらに一歩進めて、学校教育を受けるすべての国民に対する『教育勅語』の発布を命じたのです。

「いかならむ　時にあふとも　人はみな
　まことの道を　ふめとをしえよ」

明治天皇は、『教育勅語』について、このように歌われました。戦後、軍国主義の元凶のように言われてしまった『教育勅語』ですが、じつはいま読み直しても、大変に意味深いものです。

現代の子供たちには、言葉がむずかしいかもしれません。しかし、これを暗記させたらよいと言う意見もあります。

さて、そのように素晴らしい道徳教育がなされながら、日本はどうして戦争への道を進んでしまったのでしょうか。さまざまな要因が語られます。しかし、どれも、事実関係のみを検証して、時代を生きた人々の心に焦点を当てていないように思うのです。

明治維新の宣言である『五ヵ条の御誓文』は、現代の人々にも納得できるものです。「広ク会議ヲ興《おこ》シ万機公論ニ決スベシ　上下心ヲ一《いつ》ニシテ盛ニ経綸《けいりん》ヲ行フベシ　官武一途庶民ニ至ルマデ　各《おのおの》其志ヲ遂ゲ人心ヲシテ倦《う》マザラシメンコトヲ要ス　旧来ノ陋習《ろうしゅう》ヲ破リ天地ノ公道ニ基クベシ　知識ヲ世界ニ求メ大《おおい》ニ皇基ヲ振起《しんき》スベシ」

その国家の基柱となるべくつくられた明治憲法は、維新の理想を掲げたものでした。本来『教育勅語』は、この理想国家を実現するための、人造りの基本を説いたものでした。

私は、明治に帰れと言っているのではありません。どのような言葉も、これを実行していかなければ、無いのと同じであることを忘れてはならないと申し上げたいのです。人造り、国造りの「初心」は、「よく学びよく遊ぶ」子供を育てることから始まることを、私たちはいま思い出さねばならないのです。

子供は、親の背中を観て育ちます。教師の人徳を慕って従います。いたずらに言葉だけ整えても、これを実行する姿を示さねば、教育していることにはなりません。

子供たちが、心底から笑って暮らせるように、未来の日本人が心豊かに生きられるように。その「初心」を取り戻して、次なる大きな世界への扉を開きたいものです。

身口意すなわち身体と言葉と心が大切だと、お大師さまが教えた生命の真理は、現代の人々が充実して生きるために必要な「三原則」だったのかと、感動します。心の中の仏さまに気付いた時、人生は大きな飛躍が待っているのです。

第十秘密荘厳心《ひみつしょうごんしん》

蔵の中の宝がたちまち現われる

★夢に向かって努力し夢を実現させる

あの平成十八年のこと。

世界一を競ってアメリカに遠征した日本チームが強豪の各国を破って優勝しました。日本のプロ野球は世界一になったのです。王貞治監督のもとで、見事な試合を展開しました。

その夏の甲子園は、早実と駒大付属苫小牧高校の投手戦が日本列島を沸かせました。

しかし、なんといっても日本シリーズ。野球の試合を超えて、あの新庄剛志選手に日本中の人たちが引きつけられました。阪神から大リーグのメッツに移籍して、日本人として初めてワールド・シリーズでヒットを打つ記録を残しました。年俸は日本での十分の一くらいだったのですが、本場の野球を体験したいと海を越えました。

三年を経て帰国し、今度は北海道に移ったばかりの日ハムに入団しました。「帰国して最初に電話をくれたのが日ハムだったから」とその動機を語りました。そして、札幌ドームを満員にして、日本一になるぞ、と公約したのです。

夢に向かって、新庄選手は努力しました。いつも明るく、チームを引っ張り、さまざまなパフォーマンスで話題をつくり、北海道の人たちはまたたく間に、日ハムを「我が郷土のチーム」だと、熱狂的に応援するようになったのです。

そして、平成十八年四月、新庄選手は突然に今季限りで引退すると宣言しました。みんな驚きました。まだ三十代、元気一杯なのにどうしてだろうと思われましたが、じつは足などの故障で、身体的には限界だったそうです。

それでも、試合はいつも全力で臨んで、夏も終わろうかという頃になったら、日ハムはあれよ、あれよと勝ち進んで、プレーオフを制して、とうとうパ・リーグで優勝。続く日本シリーズも一敗したあと四連勝して、日本一の座を獲得しました。

新庄選手は「夢」を実現させたのです。それは、誰もが思いもよらなかった大きな大きな夢でした。日本シリーズの優勝戦は結果として、新庄選手の引退試合となったのです。プロ野球史に残る記録です。

★背暗向明――どんな道でもあきらめず笑顔で進む

私は、新庄選手の行動に、お大師さまの教えを見ました。

大きな夢を「大欲」と置き換えます。彼は自分だけの夢を見たのではありません。チームの全ての人たちといっしょに楽しもう。ファンと一緒に試合を楽しもう。いつだって、みんなを楽しくさせることを考えて、夢に向かって進んだのです。

優勝した翌日ですが、札幌ドームで引退会見をした新庄選手は、初めて愛用のグラブを公開しました。プロ野球に入って、最初の給料で買った七千五百円のグラブを、彼は修理を重ねて使い続けました。「十七年間いっしょにプレーしたグラブが、もう限界だと言っている」と、新庄選手は引退の理由を語りました。修理の跡が歴然としているグラブは、それだけの説得力がありました。そのグラブを新庄選手は「形が崩れるから」と誰にも触らせないほど大事にしてきたそうです。

時には軽薄とも受け取られてしまう華麗な行動の陰で、新庄選手は人知れず精進を重ねていたのだと、私は感動しました。

そして、何よりあの明るさです。野球はみんなで楽しむものだという信念で、彼はいつも笑顔を見せていました。チームの誰かがナイス・プレーをすれば、センターから手をたたいて声援を送りました。最後の試合でも、足がとても痛むのに、ファンの方に顔を向ければ笑顔、笑顔だったそうです。

「背暗向明」。どんなときでもあきらめずに、笑顔で光に向かって進めば、必ず道が開けるのです。

新庄剛志という野球選手の夢に向かった人生が、ここで一つ完結したのです。

★全てのできごとは仏のメッセージ

お大師さまが『秘蔵宝鑰』で説かれたのは、生命というもの、この世の成り立ちの真実です。この教えには物事の本質が凝縮して込められているので、現実の世界で日々起きているさまざまな事柄に当てはめてみることもできます。

お大師さまは教えてくださっているのです。全ての出来事はみな仏さまのメッセージなのだと。森羅万象の中で、これは、こんなことを物語っているのか、と感じたとき、それはあなたが仏さまから何か語りかけられたときなのです。

新庄選手の活躍が日ハムのほかの選手に頑張るぞ、という力を与えました。選手の頑張りがファンに元気を与えたのです。

「これまでの人生を、日ハムが変えた」と言うお年寄りの声が報じられました。誰もが「元気をもらった」と言います。

北海道は長年、景気が悪く、金融の中心であった北海道拓殖銀行はとうに潰れました。夕張市が事実上「倒産」するという暗いニュースもありました。

そうした胸のつかえを、新庄選手たちが吹き飛ばしたのです。これが、プロスポーツの功徳なのだとしみじみ思いました。

お大師さまが、大切にすべき人たちの中で、芸能にたずさわる人たちを挙げておられますが、大衆の心を動かして感動を呼び覚ますのが、娯楽の真髄でしょう。

★奇跡を起こすのは強い願いと祈り

『秘蔵宝鑰』は、巻十、つまり最終章にいたります。「秘密荘厳心」と名づけられたこの巻は、そのものずばり「即身成仏」の教えです。

――**「もし人、仏慧《ぶって》を求めて**

菩提心に通達すれば
父母所生《ぶもしょしょう》の身に
速やかに大覚の位を証す」

仏さまの智慧を求めて真剣に精進して、菩提の心に到達すれば、両親からいただいたこの身このままに、すみやかに覚りを開いた者になることができる。

お大師さまは、そう教えて下さいます。

私は、新庄選手と日ハムの選手たちは、「日本一になる」という夢を信じて精進して、とうとう覚ったのだと思います。

日ハムファンの気持ちの良い応援ぶりが評判でした。選手たちはこれまで経験したことのない、ファンたちの熱狂的な声援を受けました。罵詈雑言、口汚い野次を投げかけられることもなく、伸び伸びとプレーができました。それはやはり、選手たちの一種の覚りに対して、ファンが共鳴したからだと、私は感じています。

日本人は、いま目覚めようとしている。私は、暗いニュースが続く中での、この時の日本シリーズのありように、心が熱くなりました。

仏さまと一体になった選手たちが、驚くほどのパワーを発揮して優勝できたのだ、と私は感じました。

日本シリーズが始まる前は、相手の中日のほうが勝つだろうと予想されていました。しかし、ここぞというときに、中日の選手たちは運が悪いとしか言いようがないプレーがあったようです。

十センチくらいの差でホームランがファールになってしまう。ほんの一瞬のスキを突いて、盗塁される。

それは中日の選手たちのミスというより、「絶対勝つぞ！」という、日ハムの選手たちの強い意志が幸運を呼び込んだとしか思えないのです。

意志こそが、夢を実らせる力です。

理屈ではない、奇跡を起こすのは、強い願いであり祈りなのです。

即身成仏は、お大師さまが開かれた真言密教の究極の教えです。最後のこの巻十こそが、お大師さまが衆生に伝えたかったことでした。

★予習があって本当のことを学ぶことができる

「九種の住心は自性なし
転深転妙にして、
みな、これ因なり」

これまで説いてきた九つの住心はみなそれぞれ自体の性をもたない。すべては深くして妙なる第十番目の秘密荘厳心に移るべきものだから、いってみればこれらは第十住心の因である。

現代語に訳したものを読みますと、もう少しはっきりしてきます。

生命とは、この世で覚りの世界を得ることができるほど、無限の力を持っているものであり、そのことを教えるのが、真言密教である。

これまでに九つに分けて住心を述べてきたのは、すべて第十番目の真言密教の教えをより深く知るための予習だった。

お大師さまは、そう教えておられるのです。

予習なくして、学ぶことはできません。急がば廻れ。それが学ぶことの基本です。

全国のたくさんの高校で、大学受験に不利だからと、世界史など必須科目を省略してカリキュラムを組んでいたことが発覚しました。

歴史は覚えることがたくさんあるから、受験に不利だと考えた教師も、またこれらの授業を避けようとした生徒たちも、大きな考え違いをしています。

私は、日頃からご先祖という「根」を大切に供養すれば、いまを生きる私たちの生命は強くなり、幸せがやってくると説いています。

歴史を知ることは、人類の「根」に光を当てることです。

歴史を学ぶことは、ご先祖のお墓参りをするのと同じことだと、私は思っています。

「根」から流れを追って、いまここに生きる私たちの姿に思いが到るのです。

予習があって、本当のことを学ぶことができる。それが学問の道です。

★一瞬を見失わないために全力を挙げて生きる

親は子に、大人になるための予習を教えます。社会の中で、人を頼らず、しかし人を大切にして生きること、人のために尽くすことが、住みやすい社会をつくって、みんなの、そして自分自身の幸せにつながるのだと、親は「しつけ」という予習で、子供たちに伝えていかねばなりません。

欠けていた月が、満ちてまん丸くなるように、私たちはどんな時も予習を忘れずに一つ一つの事柄を積み上げて、心を磨くことです。

仲秋の名月を見上げるのは、一年に一度です。その夜が雨ならば、来年まで待たねばなりません。満月は、月の周期ごとに訪れるのですから、いつも満月を見られると思いましょう。しかし、仲秋の名月は、たった一度しかやってきません。

毎日は同じことの繰り返しのようですが、同じ日は二度とやってはきません。

一期一会こそ、生命というものの本当の姿なのです。その一瞬を見失わないために、全力を挙げて生きるのです。一瞬がいつやってくるのか。仏さまの智慧が、私たちを導いてくれます。

「一切衆生は……」と、お大師さまは語ります。

すべての人々は、本来は金剛薩埵《こんごうさった》であるけれど、貪り・怒り・愚かな煩悩のために縛られているから、そのことに気づかない。もろもろの仏さまの大いなる慈愛によって、それを気づかせるために、大変深い秘法である瞑想をさせる。それは日輪と月輪とを観想するものである。

お大師さまは、具体的にこの巻十で秘法を説かれます。

宇宙の森羅万象は、すべて我が身のことであり、阿字などの梵字にはそれぞれに意味があり、刀剣や金剛杵などの仏具にもみな不思議な力があると、お大師さまは教えます。

★左手に三鈷を執れば諸事成就する

高野山の御影堂前に「三鈷《さんこ》の松」という松の木があります。

ふつう、松は二葉かあるいは五葉なのに、この三鈷の松は三葉です。そして、この松には高野山開創にまつわるお大師さまの霊験が語り伝えられています。

ときは、お大師さまが恵果和尚から正統密教を伝授されて唐から帰国するときに、さかのぼります。

お大師さまは、明州津、いまの寧波港《ニンポー》でありますが、ここから日本への帰国の船に乗り込まれました。いざ出港という時に、お大師さまは恵果阿闍梨から受けられた三鈷を手に祈念を凝らされました。三鈷とは、密教の法具の一つであります。

「日域（日本のこと）にわが受け継ぎし密教宣布に最適の霊地あらば、急ぎ帰ってわれに示せ」

お大師さまは、こう祈りながら、三鈷を日本方向の空に投げられましたところ、不思議なことに三鈷は金色に輝きながら雲の中に消えた、といいます。

お大師さまが帰国されて、筑紫にしばらく滞在したのちに京都に戻り、やがて紀州高野山に登られたとき、山上の松の樹上にその三鈷を発見されました。そして、お大師さまは嵯峨天皇からその土地を賜り、その松を中心として霊場を開き、真言密教の日本の故郷とされたのでした。

この伝説は、もともとお大師さまの実の甥で高野山伽藍の整備完成に尽くした真然大徳の遺著である『御影堂飛行三鈷記』に詳しく記録されています。

伝説ではありますが、これを書き残したのがお大師さまの法嗣である甥なので、高野山の象徴として語り継がれることになったのでした。

三鈷とは、密教の修法に用いる鉄製の法具です。ルーツは古代インドの武器で、両端が三叉の鉾になっていたものと想像されます。これが中央の鉾を中心にして内側に向かった形となり、武器から転じて菩提心を表す祈りの法具となったのです。鉾が外に向けられている限り、争いのもととなりますが、己の内なる煩悩と闘うものであれば、これは菩提の心を象徴するものとなります。

三鈷のほかに、両端が一本の鉾となっている独鈷《とっこ》、両端が五叉になっている五鈷、五鈷に鈴がついている鈴鈷などがあり、これらの法具を総称して「金剛杵《こんごうしょ》」と名づけていますが、単に金剛杵という場合も三鈷のことをさしていることが多いほど、三鈷は重要な法具なのです。

三つの鉾は、御仏の身口意を表しているとされますから、御仏のすべてのはたらきの象徴でもあり、行者がこれを執って加持することは、まさに御仏のはたらきを我が身に加えて、我が身に御仏の力を持とうということなのです。

「行者手に三鈷杵を執らば毘那夜迦《びなやか》も障難を為さず」と、蘇悉地経《そしつじきょう》にありますように、護摩行あるいは念誦のときに、左手に三鈷を執れば諸事成就するといわれるほどの法具です。

梵字にさまざまな現象が込められているように、また、仏像や仏具の刀剣や金剛杵が不思議な力を備えているように、私たち人間には不思議な能力がたくさん備わっているのです。毎日平穏に暮らすことができる。これだけでも、じつは幸せなことです。家族が仲良く暮らすのも、幸せです。日常を日常として暮らすことができるのは、じつはとても幸せなことなのです。

★成仏とは煩悩によって「本心」を乱すことのない状態

朝、気持ち良く目が覚めるのは、健康のあかしです。「あー、気分がいいなあ」と、思わず感じます。

「湛然清浄《たんねんしょうじょう》なること猶《なお》し満月の光、
虚空に遍じて分別するところなきが如し」

と、この巻十に述べておられる「本来の心」とは、まさにこのような朝の爽やかな気分のようなものであります。

瞬間的に感じられる、この本心こそが生命本来の姿なのです。

この気分のままに「万徳の自性」のままに一日を過ごすことができれば、これはまさに即身成仏ということですが、なかなかそういかないのが衆生です。

せっかく良い気分で目が覚めても、あれやこれや、欲を出したり、怒ったり、焦ったり、疑ったりして、この「本心」を汚してしまいます。

本当の「成仏」とは、煩悩によって本心を乱すことのない状態であり、そうなれば我が身におわす菩薩たちの慈悲と智慧とを感じ取ることができるのです。

★煩悩で心のカギ穴をふさがないために生命の旅を続ける

密教の修行は、三密修行に始まり、これに尽きます。すべては、自らの身口意を清める三密修行の奥義をきわめることが、生命を知ることになるのです。

身＝体力をつけ、口＝思考を正しく、意＝心を正しく保つこと。この三つのバランスがとれてこそ、生命は全うされるのです。

身体を動かす、つまりは筋肉を動かすとインパルス（電流）が発生して大脳の運動野に伝わり、ニューロン（神経細胞）の働きを活発にさせる、という身体の仕組みがありますが、これによって脳に血液が多量に送り込まれます。

行は、身体を極限まで使うことによって、脳細胞を活性化させるのです。行者が厳しい行を続けますと、脳は活発に動きます。内臓にも大きな刺激を与えて、眠くならないし、思考が冴えわたります。

若い頃に私は、自分の頭が狂ったのではないかと思うほど、脳がめまぐるしく回転するのを体験しました。

日頃から体力気力をしっかり鍛えておきませんと、中途半端に行をやることによって、かえって脳と体のはたらきがアンバランスになり、崩れるのです。

密教は、行を実践しなければ真実のことはわからない、という教えです。お大師さまの教えはまさに、ＤＮＡ情報の蔵を開ける教えなのですね。

私たち行者が厳しい行をしますのは、蔵の扉が固く閉じられてしまって、生命の進む道に迷っている人たちに、扉を開くお手伝いをするためなのです。

迷っている人は、行者がこの扉だと教えたら、自分の手で扉を開けるのです。開けるために、我が心のカギ穴をきちんと確かめておかねばなりません。煩悩でカギ穴がふさがれていたのでは、私ども行者がいかにお手伝いしようとも、難しいものがあります。

どうすれば、「秘密の扉」を開くことができるのでしょうか。煩悩でカギ穴をふさがないために、私たちは生命の旅を続けます。それは未来に向かっているのと同時に、過去への旅でもあります。DNAが持つ情報とは先祖がたどった生命の旅でした。先祖供養とは、先祖が伝える旅の道しるべを教えていただくことなのです。

★阿字の瞑想が仏性を覆い隠している毒を払う

さて、ここで「阿字観」についておさらいをしておきましょう。

――**「それ、阿字に会う者は、みな、これ決定してこれを観ずべし」**

阿字とは、梵語の最初の言葉です。口を開いて最初に出る言葉「アー」とも「オー」とも響く言葉には、宇宙の生命の秘密が込められているのです。

――**「阿字の子が　阿字のふるさと立ちいでて**

「またたち帰る　阿字のふるさと」

生命は、阿字から旅立って宇宙をさまよい、やがてまた阿字という大いなる仏さまのふところに帰って行く。それが、生命の旅、心の旅なのだ。

お大師さまは教えます。

その生命の源を私たちに感応させる「阿字」の瞑想をすれば、私たちの仏性を覆い隠している三つの毒を払って、仏さまと一体になることができるのです。

ちなみに、阿字は仏教密教だけでなく、キリスト教の「アーメン」や神道の警蹕《けいひつ》なども、この「アー」あるいは「オー」と声を発します。

宇宙に最も響く音として、古代から人類は神仏と交信していたことを偲ばせる音であろうかと思います。

密教では、阿字は大日如来の象徴であり、もっとも神聖な文字として扱われます。

阿字観は、まず直径四十センチほどの丸い円の中に蓮華座を描き、その上に梵字の阿字を書いた掛け軸、「阿字観本尊」と呼びますが、これを用意します。

瞑想する場所は、ゆったりとした静かな場所に限ります。壁の色や明るさも穏やかなもので、ゆったりした服装を身につけて、身体を締め付けないようにします。阿字観本尊は月輪の底が行者、つまり瞑想をする者の瞼と同じ高さになるように壁に掛けます。

この本尊から六十センチほど離して座布団を置き、二つ折りにして腰の下に敷きます。本尊の前に香炉を置いて、よい線香を二本立てて、準備は完了です。

詳しい行法は、私の著書にいくつか出ていますので、これをご覧いただくとよいでしょう。一通り終えるのに十五分くらいです。

★自分と宇宙と仏が一体のものであることを実感する

呼吸を整えて静かに真言を唱え、手に印を結んで、清らかな阿字・蓮華・月輪を自分の胸の中に入れて観想しますと、瞑想の世界の広大なことや豊かさが自分の体で分かるようになります。自分の身体や心がそれまでとは、違ったものに変化していくことに気づくことでしょう。

そうすると、自分という存在が、一人で孤立して存在しているのではないことが、直感的にわかってきます。ご先祖から連綿と伝えられた生命の結果が、ここに存在する自分であること、またいま存在するあらゆる生命と、網のようにつながっていることがわかるのです。そして、それが少しも窮屈なものではなく、かえって充実感を伴った開放感、安心につながっていることを知るのです。

それは、自分と宇宙、仏さまと自分とが一つのものである実感なのです。

この身のままで仏と成る。瞑想が仏さまの世界に私たちを連れて行ってくれます。

また、私ども行者にとって、即身成仏とは行によって得た仏さまの力を、苦しい人と分かち合って、その苦を取り除くことでもあります。

★加持は究極の衆生救済

加持についてお話しましょう。

真言密教には、「理」と「事」の両面があり、加持は「事」に属します。文献を読むより、実際に体験するほうがはるかに理解が早いと考えますので、ぜひ実践をお勧めします。

「言って行ぜざれば、信修するが如くなれども、信修と為《す》るに足らず」

これは、お大師さまが天台宗の最澄和上に宛てられた手紙の一節（『性霊集』）です。言葉だけで行をしなければ信修ではない、行こそ密教の根幹であると説いておられます。印を組み、真言を唱え、ご本尊を念じる身口意に行の真髄があり、そこで得た「同悲」の心、仏の力をいただいた充足感、これを分かち合って人々を救うのが加持の本来のあり方です。

行とは苦しみを超えて得る大いなる歓喜の世界であり、行によって得た仏性を多くの人々のために分かち合って安心への道を拓いていくのが、お大師さまの教えです。加持は究極の「衆生救済」であろうと思っています。行者が「即身成仏」することによって、仏さまと一体になり、その生命力を「加」とし、これを受けるものが「持」するのです。

なぜ、現代の医学で治らない病気が、加持によって治るのでしょうか。加持とは、真言密教の修法の一つで、加持祈祷と言われるように、祈りと一体になっているものです。

たとえば、腰が痛くて歩けない病人がやってきましたら、右手に密教の法具である五鈷杵を握り、左手に念珠を持ち、真言、経文を唱えて、心に不動明王を念じます。錫杖加持というのもあります。これは、錫杖で背中をさすったり、身体に当てながら祈ります。

私のところへおいでになる人たちの多くが、現代の医療では治らないとされた病気で苦しんでいるのですが、ほとんどが霊障によるものなのです。厳しい行を重ねてきたおかげで、おいでになった人たちの「病根」が見えます。私に治せるものか、どうかを判断することができるのです。凶悪霊とは、成仏していない霊のことで、こうした霊に取り憑かれますと、原因不明の病気で苦しんだり、トラブルに巻き込まれることがあります。

加持祈祷は、そうした霊を成仏させるための祈りです。

「加持とは、如来の大慈と衆生の信心とを表す。仏日の影衆生の心水に現ずるを加といい行者の心水よく仏日を感ずるを持と名づく」

お大師さまの言葉です。

★行者は光を集め、一層輝きを強くする役割

仏さまがみんなを救いたいという「大慈大悲」は、この宇宙のあらゆるところにあふれ

ている光です。その光を受け取れるかどうかは、受け取るほうの心の状態で決まると教えています。

受け取るほうの心が、きれいで、静かな水面のような状態ならば、その光を受けてキラキラと輝くことができる。この状態を「加」と言います。

行者はこの光を集め、一層輝きを強くする役割で、これを「持」と言います。

行者は光をキャッチするアンテナの役目ですから、いつも磨いていないと光を受け取ることができません。それで、私たちは毎日毎日、厳しい行に明け暮れるのです。

加持とは、心身を清めた行者が仏さまと一体になって、その光を体内に汲み入れることです。大慈大悲とは「愛」と言ってもよいでしょう。その瞬間、行者は仏そのものとなります。これを「即身成仏」と言います。自ら仏になった行者が祈ることによって、体内のみ仏のエネルギーを病人に注いで、病気のもとを取り除くのです。宇宙のリズムと自分のリズムとが合って、バランスが戻るとも言えます。

しかし、それはあくまで病気のもとになっていた霊の障りを取り除くのであって、病気そのものは医師が医学で治すものです。どんな病気も医学で治せるというのは、妄信であると思っています。同じく、加持祈祷によってすべての病気が治るというのも迷信です。

私の寺の護摩行は大変厳しいものと知られています。ご本尊の前にしつらえた大きな護摩壇で三メートルを超える火炎のすぐ前に坐し、およそ二時間にわたって真言を唱え続けます。一瞬でも気を緩めれば火傷をしかねませんが、さまざまな人々がやってきて行をしていきます。政治家もいればスポーツ選手もいます。

正しい修行によって、心の状態がだんだん上がってきて、生命が無限であることを知り、生命のエネルギーを我が能力として活かすことができるようになる「即身成仏」、これが密教と顕教との大きな違いでありましょう。

★人はみな仏、我もまた仏

加持とは、自然治癒力を瞬発的に取り戻すもの。加える「加」と、受け取る「持」と両方のはたらきがピッタリ一致するはたらきです。生命のパワーが響き合うことです。

加持とは、行者が仏さまの状態となって、受ける者の心を解放することではないかと私は思うようになりました。仏さまは心無、すなわち、こだわりのない、完全に解放された心でおられるから、無限の力を持ち、無限の存在なのです。加持とは心身の解放であり、帝網のネットワークを流れる生命力を滞りない状態に調えることなのです。

私たちは、本来は仏さまから生命を分けていただいてこの世にやってくるのですから、清らかな存在であります。しかし、この世は生きるに厳しく、心身の掃除を怠りますと、埃がたまってしまいます。いつしか、自らの埃によって、周囲を見る力を失い、迷いの世界に入り込んでしまうのです。闇に迷うことを知る。煩悩を知ることが仏さまと出会う第一歩、「加持」の源流に触れることなのです。

人はみな仏さまです。

我もまた仏さまです。

それが、加持の本質です。

「法力に遠近なし、千里すなわち咫尺《しせき》なり」とお大師さまは教えて下さいます。あるいは、「三密加持すれば速疾に顕わる」とも説いて下さっています。

加持のパワーは時空を超えて伝わるものだということは、私の長年の実感です。私も遠くにおられる方の悩みを伺いながら、距離に関係なく、お応えできるようです。亡き母にいたっては、地球の裏側のことまで、はっきり説明したのですから驚きます。

加持は、何より加する者が正しい修法を行っていなければなりません。それで、その方法は秘法として受け継がれてきました。私が両親から厳しく教え込まれたのは、正しく行を重ねる精神でした。培われた強靱な精神力が、その支えとなります。

形ばかりの加持では、何の効験もありません。私の寺においでいただくと、私はもちろん、弟子たちの真摯な姿勢を見ていただけるでしょう。私念を離れて、一心に修法すれば、仏さまは神秘的な加持力を顕すと、深く信じてお願いすれば、必ず通じます。精進こそがさまざまな問題を乗り越える力を仏さまからいただくただ一つの道です。

この教えこそ、密教を仏さまの究極の教えとして守ってきた、お大師さまの法灯のよりどころであります。

エピローグ

●心のごみを取り去った時、宇宙のリズムに合った流れが生まれる

「万徳の自性、輪円して足れり
一生に荘厳の仁を証することを得べし」

あらゆる徳のそれ自体の性が、我が心身にすっかり備わっている。だから、現世で立派な仏になることができる。

私たち一人ひとりが大日如来から生命を分けていただいて、この世に在るのです。自分で自分の心をコントロールできるようになれば、闇に背を向けて、光を見つけることができます。抽象的だと言われるかもしれませんが、ぜひ実践してみていただきたい。

まずは、真言を唱え、般若心経を毎日仏壇の前で唱えてください。私のCDやテープとご一緒に唱えてみてください。これは、心のお掃除です。

そして、三つの「毒」を排除します。怒らない、人の悪口を言わない、思わない。自分の欲を満たそうとせず、いつも誰かと一緒に笑える行動をとる。愚かなふるまいや考えをしない。こうして、心を磨いていますと、心の流れが変わります。

ゴミだらけだった流れが清流に変わり、勢いが出てきます。そうなると不思議なことに、思ったことがスムーズに実現します。

宇宙のリズムに合った心の流れが生まれるのです。

「仏の大きな秘密」と、お大師さまが言われたのは、科学的な言葉がない時代に、私たちの生命の成り立ちや宇宙の原理を語る言葉でした。大日如来は、無辺にして十方に広がり無限の究極の世界におられます。宇宙を心の眼でよくよく見れば、森羅万象、生命に満ちた私たちの故郷です。

生命は、個でありますが、プツン、プツンと途切れて存在しているのではありません。ネットワークでつながり、つくられているのが「この世」です。

心の流れは、この生命のネットワークを流れて、大きな宇宙のパワーを得ていくのです。

——「一切如来、異口同音に彼の菩薩に告げてのたまはく、善男子、当に観察自心三摩地

に住して自性成就の真言をもって、自ら恣《ほしいまま》に誦すべし」

菩薩、つまり仏にいたる修行を続けている者に対して、あらゆる仏が告げた。自らの心を観察する精神統一に入って、自らの心の本性を感性させる真言を、自身で思うがままに唱えるのがよい、と。

これは『秘蔵宝鑰』巻九の一節です。

●無我の中で仏と一体になる歓喜

仏さまの真実を知らずして、どうしてもろもろの苦行に耐えられるものか。お大師さまの言葉こそ、私の、そして弟子たちの、ともに励みとする教えの一つです。行とは、我がうちにある仏さまとの出会いのためだという、教えの原点の言葉です。

日々是れ初日。私たちの肉体は一瞬ごとに新しくなっている。そのことの教えでもありましょう。行は、生命の再生なのだ、と思います。

行によって、絞っても絞っても吹き出る汗は、この世に生きる苦しみや辛さを身体から運び出してくれます。その汗は、吹き出たとたんにお不動さまの灼熱の炎で気化してしまいます。苦しみと汗とが、体内の「死」を昇華してくれます。

行者は、厳しい行によって瞬間ごとに繰り返される「死」と「生」の再生を体験します。すべての細胞のはたらきが停止したかと思う「死」の瞬間、しかし無我の中で仏さまと一体になる歓喜が押し寄せます。

ハッと我に返る時、身体のすみずみまで細胞がよみがえり、よみがえった細胞によって元気な生命力を感じます。

その生命の手応えが宇宙に張り巡らされたネットワークによって広く発信されるのです。生命の情報は、宇宙に遍満するエネルギーに乗り、人と人、人と動物、人と植物、あらゆる組み合わせのネットワークによって、広がっていくのです。

あらゆる情報が、ネットワークによって伝わります。生きとし生けるものは、そのネットワークを伝わりながら、生死《しょうじ》を繰り返しているのです。

生命の情報が素直に伝わる社会は、幸せが多い社会であります。憎しみや苦しみ、悲しみによってネットワークが傷ついている時は、生命の情報もまた傷ついたままで伝わってしまいます。

戦いは、不信と憎悪の温床です。互いの生命のネットワークを傷つける行為です。生きた充実感を味わうことなく、無念の思いを抱いて死ぬ時、ネットワークの網に穴が開いて、やがてはズタズタに切れてしまいます。情報は伝わらず、ネットワークを結んでいた生命はそれぞれに孤立して、やがては死んでしまいます。
歓喜をもって生きること、その心を他の生命と分かち合うことを「化生」と言います。

「**自身すなはち金剛界となる。**
自身金剛となりぬれば、
堅実にして傾壊《きょうえ》なし。
我、金剛身となる」(『即身成仏義』)
おのが身体は、金剛のように堅固なる、永遠《とわ》の世界になるであろう。
自身が金剛になれば、堅固にして堅実で傾き壊《こぼ》たれない。
われは金剛の身体になる。

三摩地とは、三昧のことです。この世にありながら、時を忘れ、空間の認識を離れて宇宙と一体になる、それが即身成仏なのです。それは、金剛の身となるのだと説くのです。

●自分の中にある宝を手にするため、自分の弱さと闘い磨く

十番目の「秘密荘厳心」は、金剛つまりはダイヤモンドの輝きを放つ心です。それは堅く、揺るがぬ信念を備えた心、ほんの偶然で出会った仏さまも笑顔ではない、心にしっかりと「在る」ものなのです。

悩んだり、悲しんだり、喜んだり、みんな自分の心の流れであります。あいつが悪いと怒る気持ちは自分のものです。ここに「心の流れ」があります。

いじめにあったら、自分の「心の流れ」を変えることを考えてみてほしいと、私は思います。いじめている子も同じことです。

なぜ、いじめるのか。きっといじめる子の心は闇に覆われて、迷っているのです。

教師は「いじめるな」と言うだけでなく、いじめる子ともよくよく話して、闇から抜け出す扉をともに探してやってほしい、「心の流れ」を変える手助けをしてほしいのです。

宇宙は、計り知れない力を持っています。それが「自分の中にある宝」です。その宝を手にするために、私たちは自分の弱さと闘い、磨くのです。

正しい修行によって、心の状態がだんだん上がってきて、生命が無限であることを知れ

ば、本当の覚りを得られ、生命のエネルギーを我が能力として活かすことができるようになるのです。

自分がいて、社会がある。自分をしっかりつかみ、周囲のありさまを把握できている状態が、「秘密荘厳心」です。

「即身成仏」、これが密教と他の仏教の教えの大きな違いです。「心の流れ」つまりは我が身のありようを知ることが、覚りにつながるというのですから、まずは自分の身体を通じて、考え、感じることです。

仏陀と申しますが、これはサンスクリット語で「目覚めた者」という意味です。お釈迦さまは菩提樹の下で瞑想した結果、生きることの真実に目覚めました。即身成仏とは、特定の修行を修めた者だけでなく、生きとし生けるものすべて、一人ひとりが宗教的な自覚と正しい実践によって、いまを生きているこの身体のままに真実に目覚めることなのです。

生命の不思議、私たちはなぜ生まれてきたのか、なぜ生きるのか、という根本的な疑問に答えられるのは、理論だけでもなく、直感だけでもない、両方が溶け合って、私たち一人ひとりの身体を通じて知ることなのです。

ここで身体と申しますが、器としての身体だけでなく、意識や無意識まで含めて、先祖から受け継いだ存在の全てのことであります。

その真理を法と言い、これが大日如来の真の姿であります。お大師さまは、大日如来は自らの楽しみのために、時間も空間も超えていつも真理を説いており、声なき声で私たちに語りかけている、と教えて下さっています。

いつでも、どこででも、仏さまは本当のことを語っているのに、それが見えず、聞こえないというのは、受け止める方に見たり聞いたりする能力がまだ養われていないからだ、というのです。

いま人間も地球もいっそうの優しさと温かさを求めています。生命力のバランスが、どこか狂いかけているために、いろいろなひずみが生じています。「心の流れ」がスムーズに流れないのです。

●どこでも、誰もが『秘蔵宝鑰』を実践できる

私の寺には、毎年、新入社員の教育などを目的に、企業研修生たちが大勢やってまいります。早朝から弟子たちと一緒に掃除、護摩行の準備、そして行への参加、さらには護摩

檀の掃除など寺の日課を課しています。その全てが行なのです。行の始めと終わりには大きな声で「誓い」の言葉を唱えてもらいます。阪神で活躍した金本選手など人気スポーツ選手たち修行希望者もみな唱えたものです。これを繰り返すことで、自意識が生まれ、心の掃除ができるのです。

さらに、現代の日本人の多くは、自然のリズムから逸脱して暮らす人が多いのです。その迷走を治す「薬」はそこかしこにありますが、迷っている者にはこれが見えません。我が子を虐待して殺してしまう母親、介護に疲れて親を殺してしまう息子や、受験勉強を強いられたと、放火して家族を殺してしまう少年。自殺という選択をしてしまう人たち。みな「心の流れ」をつくることができずに、最悪の選択をしまっているのです。

自分の心がいまどの段階にあるのだろうか。雄羊なのか、幼子なのか、それとも少し天狗になっているのか。

『秘蔵宝鑰』のどの住み家にいるのだろうか。そんなふうに我が心を見つめなおしてみましょう。

誰かが悩んでいたら、教えてあげましょう。そして「そのままでいいんだよ」という慈悲の心も必要です。

世界では飢餓、疫病、戦争、大災害などによって、たくさんの人々が苦しんでいます。

それでも、私は「理解と許しの心」が人々の間に広まることを信じています。

どこでも、誰もが『秘蔵宝鑰』を実践することができる。お大師さまは、後世の私たちに時空を超えて教えて下さっているのです。

本書は二〇〇七年六月に弊社で出版した新書判を改題改訂したものです。

弘法大師 空海
生きる力を与える言葉

著　者　池口恵観
発行者　真船美保子
発行所　KK ロングセラーズ
東京都新宿区高田馬場 2-1-2　〒 169-0075
電話（03）3204-5161(代)　振替 00120-7-145737
http://www.kklong.co.jp

印　刷　中央精版印刷(株)
製　本　(株)難波製本

落丁・乱丁はお取り替えいたします。
※定価と発行日はカバーに表示してあります。
ISBN978-4-8454-5107-4　Printed In Japan 2019